LES MYSTÈRES DE L'ASTROLOGIE CHINOISE

遊觀嚴駕山北城門、天復化作沙門、法服持鉢行步安詳目

止不受死。於是太子迴車還宮、愍念眾生有老病死苦惱大

COMMENT LIRE CET OUVRAGE ?

Chacune des parties de cet ouvrage vous propose une manière particulière de situer votre personnalité dans le cadre de l'astrologie chinoise. Ces différentes perspectives débouchent sur un point de vue élargi, souple et diversifié quant aux principales tendances de votre caractère, de votre comportement et aux grandes lignes de votre destin.

I

Quels sont les traits spécifiques de votre signe chinois, déterminé par *l'année de votre naissance* ?

II

Quel est votre Compagnon de route, c'est-à-dire le signe de *l'heure de votre naissance* ?

III

Quel est *votre Élément* (Terre, Eau, Feu, Bois, Métal) et quelles en sont les caractéristiques ?

IV

La synthèse de votre signe chinois et de votre signe occidental (Bélier, Taureau, etc.) apporte de multiples nuances qui permettent d'affiner sensiblement votre portrait psychologique. Cherchez le *type mixte* auquel vous vous rattachez.

V

Le jeu du *Yi King astrologique* adapte l'antique Livre des Mutations taoïste à chaque signe chinois. Il vous offre la possibilité de poser des questions sur tous les problèmes vous concernant, des plus quotidiens aux plus généraux, et d'obtenir des oracles appropriés à votre situation.

La légende du Bouddha.

Un certain nouvel An chinois, plus de cinq siècles avant notre ère, le Seigneur Bouddha invita tous les animaux de la création, en leur promettant une récompense à la mesure de sa toute-puissante et miraculeuse mansuétude. L'âme obscurcie par leurs préoccupations du moment – ne dit-on pas en Orient que le propre de l'animal est de manger, dormir, s'accoupler et avoir peur ? – presque tous dédaignèrent l'appel du divin Sage. Douze espèces furent toutefois représentées. Ce furent, dans l'ordre de leur arrivée, le Rat, le Buffle, le Tigre, le Chat, le Dragon, le Serpent, le Cheval, la Chèvre, le Singe, le Coq, le Chien et le Sanglier. D'autres traditions remplacent le Chat par le Lièvre et le Sanglier par le Cochon.

Pour les remercier, le Bouddha offrit à chacun une année qui lui serait désormais dédiée, porterait son nom, resterait imprégnée de son symbolisme et de ses tendances psychologiques spécifiques, marquant, d'âge en âge, le caractère et le comportement des hommes naissant cette année-là.

Ainsi fut établi un cycle de douze ans, épousant la succession et le rythme de ce bestiaire fantastique. (On peut imaginer le travail vertigineux des astrologues si toutes les bêtes avaient répondu à cette convocation !)

Telle est la légende.

Un cycle lunaire.

En réalité, l'astrologie chinoise est très antérieure au développement du Bouddhisme dont l'implantation n'a commencé qu'au Ve siècle de l'ère chrétienne, soit environ mille ans après la mission terrestre du Bouddha Gautama. Or des astrologues pratiquaient déjà leur art en Chine dix siècles avant le Christ. Mais les origines mêmes de cette astrologie sont aussi controversées qu'immémoriales.

Un point est incontestable. Contrairement à l'Occident qui a élaboré une astrologie solaire, fondée sur les déplacements apparents de l'astre diurne dont la position change, de mois en mois, dans notre zodiaque, l'Extrême-Orient a édifié une astrologie lunaire, basée sur le cycle annuel des lunaisons. Voilà pourquoi le nouvel An asiatique — fête du Têt chez les Vietnamiens — ne tombe jamais exactement à la même date.

Les phases de la lune sont également importantes pour un astrologue occidental, mais leur signification et leurs implications n'ont rien de comparable, ne s'inscrivant pas dans le même contexte, le même jeu de correspondances. Sans entrer dans des considérations trop scientifiques — qui sortiraient du propos de cet ouvrage — rappelons simplement l'évidente et multiple influence de la lune, tant au niveau des lois physiques — mouvements des marées — que sur des plans plus subtils concernant la vie du corps — menstruation féminine — et les profondeurs les plus obscures du psychisme. Le terme *lunatique* a un sens tout à fait précis, voire clinique. Des études statistiques récentes ont permis par exemple de souligner un étrange et significatif accroissement de la violence et de la criminalité sanglante les soirs de pleine lune.

D'autre part, des expériences rigoureuses ont démontré l'impact direct de notre satellite sur la composition chimique de certains corps, dont la structure moléculaire peut être modifiée, selon qu'ils sont ou non exposés à la lumière lunaire.

Les nuances.

Nous voici donc avec nos douze animaux emblématiques de l'astrologie orientale. Est-ce à dire que toutes les personnes ayant vu le jour dans une même année du Rat ou du Cheval seront soumises aux mêmes schémas de caractère et de destin ? Pas plus que les natifs du Bélier ou de la Balance ne sont tous réductibles à un même scénario zodiacal.

Dans notre astrologie occidentale, la position des planètes, le calcul de l'Ascendant, du Milieu-du-Ciel et des Maisons permettent d'affiner et d'individualiser considérablement un thème. De même, en Asie, on obtient des résultats d'une surprenante minutie et complexité en intégrant aux données initiales des facteurs tels que le *Compagnon de Route*, déterminé par l'heure de naissance (mais à ne pas confondre avec notre Ascendant), et l'*Élément* prédominant, qui se rapporte aux cinq Éléments – *Terre, Eau, Feu, Bois, Métal.*

Ce triple point de vue – *animal emblématique, Compagnon de Route* et *Élément* – offrira au lecteur une diversité de références complémentaires, un ensemble de perspectives plus riches et plus précises, auquel nous avons adjoint un tableau détaillé des rapports entre signes chinois et signes occidentaux : les deux astrologies étant, par nature, toujours différentes, mais jamais contradictoires, leur rapprochement et leur fusion ne pouvaient aboutir qu'à un approfondissement des types psychologiques issus de l'une et de l'autre.

Il faut cependant insister sur le fait que si l'analogie tient une place éminente dans l'astrologie chinoise, elle n'a ni le même sens, ni la même portée souveraine que pour les Occidentaux.

Chaque signe chinois est un univers en soi, un petit cosmos comportant des lois et des domaines propres, tout à fait indépendants des autres signes. Créature vivante, douée de pouvoirs et de fonctions spécifiques, cet animal emblématique se déploie dans une dimension particulière, originale, crée sa jungle, son nuage, ou son souterrain, définit ses mesures, ses cadences, sa respiration, secrète sa propre chimie – ou plutôt son alchimie. C'est une image souple, mobile, fluctuante, assujettie aux métamorphoses et aux contradictions internes.

Il ne faut surtout pas y chercher un cadre fixe, une

structure rigide, une cage de catégories mentales et d'équations psychologiques plus ou moins rassurantes, où calfeutrer et caler un ego angoissé, toujours en quête d'une réconfortante et flatteuse projection de ses désirs et de ses craintes.

Les correspondances qui nous relient à notre signe chinois sont souvent impossibles à figer dans des formules exclusives, des classifications linéaires.

Le symbole asiatique ne se cerne pas ; il se décerne, comme un cadeau des dieux, du Temps et du Mystère, cadeau savoureux ou empoisonné, qu'un Oriental accepte, avec humilité, dans les deux cas, parce qu'il sait que la saveur peut naître du poison, comme le poison de la saveur.

Le Sage

Confucius

Parfois, dans le cours d'une vie, ce sont les circonstances elles-mêmes, plus que tel ou tel trait de caractère, qui semblent véhiculer et concrétiser les principales tendances du signe. En d'autres termes, autour d'un Dragon ou d'un Coq se construira une certaine trame d'événements, majeurs ou mineurs, un peu comme un fond sonore, un arrière-plan symphonique de style Dragon ou Coq.

Avoir et Être.

L'astrologie chinoise inspire et infléchit, depuis des siècles, les décisions et le comportement de centaines de millions d'individus, en Chine, au Japon, en Corée, au Vietnam, avec une intensité qu'il nous est difficile de mesurer et même d'admettre.

Le retour sur soi-même

Pour mieux comprendre l'esprit dans lequel les Asiatiques rattachent cette pratique à leurs problèmes quotidiens, il faut souligner un point capital, qui constitue probablement la différence fondamentale entre les civilisations occidentale et orientale – une ligne de partage et de démarcation quasi infranchissable.

Dans notre société de consommation – quelle que soit la nuance admirative ou péjorative associée à ce terme – la question primordiale, de la naissance à la mort, et à tous les niveaux d'activité, se pose ainsi : *« que puis-je avoir ? »* Acquérir, conquérir, posséder. Avoir : biens matériels, fortune, chance, honneurs, pouvoir, célébrité, succès amoureux, prestige, métier, famille, santé, maison, amis, ou encore culture, savoir, érudition. Que puis-je avoir, conserver, accroître ?

Telle est bien la question lancinante, obsessionnelle, qui sous-tend l'ensemble de nos motivations.

Il suffit de songer aux *modèles* qu'on nous propose : vedettes politiques, super hommes d'affaires, stars du spectacle, artistes ou savants célèbres, champions sportifs, héros de romans noirs ou de bande dessinée, idoles de tous poils, tous ces personnages incarnent le triomphe et la glorification de l'Avoir. Ils peuvent tous dire : « j'ai le plus de puissance, j'ai le plus d'argent, j'ai le plus de records, j'ai le plus de diplômes et de compétences, ou même, j'ai le plus grand amour et, encore, pourquoi pas, j'ai le plus terrible drame, la plus affreuse maladie », etc. La valorisation passe exclusivement par l'avoir.

Bien mieux : la publicité, aujourd'hui omniprésente, consiste, pour l'essentiel, à proclamer qu'il faut absolument *avoir* telle ou telle marque de tel ou tel produit pour *être* – dynamique, séduisant, bien dans sa peau, heureux, comblé.

Pour l'Orient traditionnel, la question décisive n'est pas *« que puis-je avoir ? »* mais *« que puis-je être ? »*.

Le modèle recherché n'est pas celui du grand chef, du superman de la finance, du héros, du champion toutes catégories, mais celui du Sage, pauvre et nu, vivant dans une liberté intérieure totale et une parfaite béatitude. Devant lui, les princes et les magnats se prosternent, car il est l'image de la plus haute réalisation possible de l'homme.

Ajoutons que dans cette perspective, le Sage ne renonce à rien, bien au contraire, puisque ayant atteint la suprême

Les mondes subtils

réalité il est incommensurablement plus riche que les plus fastueux nababs. C'est nous qui, par nos attachements fragmentaires et illusoires, nos convoitises infantiles, nos incessants conflits, renonçons continuellement à la plus merveilleuse félicité – à Dieu.

« Qui suis-je ? » Quelles que soient les approches et les méthodes particulières, écoles, sectes ou ascèses, cette question – en apparence si simple et si banale – est la base et la clef de toute la culture orientale, de ces chemins de libération intérieure, ces voies de connaissance réelle qui se nomment Yoga, Védanta, Tantrisme, Tao, Zen, pour ne citer que les plus connus.

Dans cette optique, la démarche astrologique chinoise peut nous paraître déconcertante. L'Asiatique ne pense pas : *« j'ai* telles prédispositions, aptitudes ou faiblesses, inhérentes à mon horoscope », mais plutôt : « comment puis-je *être* Tigre, ou Chèvre, ou Chien, dans toutes les circonstances de la vie ? »

Les penchants et tendances ne sont jamais l'objet d'un quelconque « avoir », au sens où nous disons couramment : « je possède telle qualité ou tel défaut. » Il s'agit plutôt de directions, impliquant une progression souple et rythmique, une sorte de danse poétique du destin, chaque animal ayant alors son pas, ses pirouettes et ses entrechats, toute une chorégraphie spécifique.

Cette nuance doit être bien perçue pour qui veut évoluer sans s'égarer ni tourner en rond dans cet immense domaine de chatoiements et de mouvances.

Le Yi-King astrologique.

Dans la dernière partie de ce volume, nous proposons un jeu inspiré des oracles du Yi-King, et adapté à chaque signe.

« Le Yi-King, écrit Alan Watts (*Le Bouddhisme Zen*, Payot), est un ouvrage de divination contenant des oracles basés sur 64 figures abstraites, chacune d'elles étant composée de 6 traits. Ces traits sont de deux sortes, traits divisés ou négatifs, et non divisés ou positifs. Un psychologue moderne y verrait une analogie avec le test de Rorschach dont le but est d'établir le portrait mental d'un individu d'après les idées spontanées que lui suggère une tache d'encre au dessin tarabiscoté. Le sujet capable de percevoir ses projections dans la tache d'encre pourrait en déduire des renseignements utiles pour guider son comportement futur. Considéré sous cet angle, l'art divinatoire du Yi-King ne peut être taxé de vulgaire superstition. »

Un pratiquant du Yi-King pourrait en effet soulever une critique de poids concernant les méthodes auxquelles nous faisons appel lorsque nous avons d'importantes décisions à prendre. Nous sommes convaincus que nos décisions sont rationnelles parce que nous nous appuyons sur un faisceau de données valables touchant tel ou tel problème : nous ne

Rapport des signes et des maisons lunaires

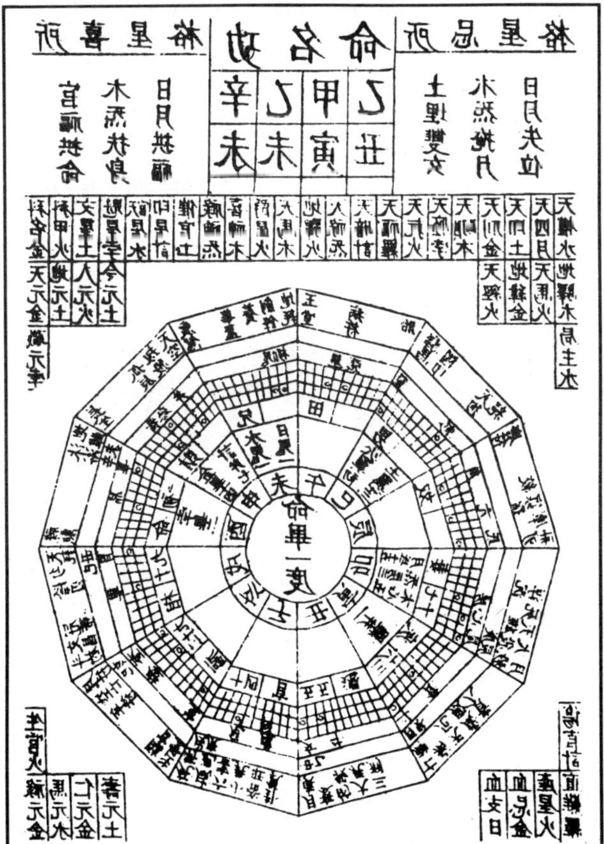

nous en remettons assurément pas au jeu de pile ou face. Il pourrait cependant demander si nous savons quelle information est vraiment valable étant donné que nos plans sont constamment bouleversés par des événements absolument imprévisibles. Si nous étions rigoureusement rationnels dans le choix des informations destinées à guider notre comportement, il faudrait tellement de temps que le moment de l'action serait écoulé avant que l'on ait recueilli suffisamment de données. En fait, si nous nous lançons à la recherche de ces informations d'une façon initialement scientifique, nous sommes rapidement contraints d'agir, soit sur un caprice intuitif, soit parce que nous sommes fatigués de réfléchir ou que le moment est venu de choisir.

Autrement dit, nos décisions les plus importantes sont basées en majeure partie sur des impressions, sur notre capacité à « sentir » une situation.»

Tout pratiquant du Yi-King sait cela. Il sait que sa méthode n'est pas une science exacte, mais un instrument utile et efficace s'il est doué d'une intuition suffisante, ou, comme il dirait, s'il est *« dans le Tao »*...

Immergeons-nous pleinement dans cet univers féérique, afin d'élargir notre vision du monde et d'affiner la perception de notre propre destin.

LE YIN ET LE YANG

Le *Yin* et le *Yang* sont le symbole des deux principes antagonistes et complémentaires dont le jeu indissociable et la constante métamorphose représentent le fondement, le tissu même de l'univers en action. Ils figurent les éternelles paires d'opposés Positif-Négatif, Oui-Non, Blanc-Noir, Jour-Nuit, Plein-Vide, Actif-Passif, Masculin-Féminin, etc. Chacun contient l'autre en germe. C'est pourquoi l'homme (Yang) porte en lui une part féminine (Yin) et la femme (Yin) une part masculine (Yang).

Le couple Yin-Yang est indissoluble et mouvant, chacun des deux termes devenant le terme opposé et complémentaire. C'est ce qu'exprime la traditionnelle figure

Au moment où le Yang (blanc, actif) est à son apogée – partie renflée – le Yin (noir, passif) se substitue à lui insensiblement – partie effilée – et réciproquement.

Le Yin et le Yang n'ont en aucun cas un caractère « moral ». Aucun des deux n'est supérieur ou inférieur à l'autre. Leur opposition est aussi nécessaire et peu conflictuelle que celle de la main gauche et de la main droite qui se frappent pour applaudir.

LES TYPES YIN ET YANG

Le Rat - le Buffle - le Chat - le Singe - le Chien et le Sanglier sont **Yin**.

Le Tigre - le Cheval - le Dragon - le Serpent - la Chèvre et le Coq sont **Yang**.

L'homme Yin

Apparence : L'homme Yin est souvent de forte corpulence, sa taille est moyenne, ses muscles développés. Il jouit d'une excellente résistance physique, et sa santé est solide. Il a souvent le visage rond mais ne sourit pas beaucoup.

Psychologie : L'homme Yin est avant tout préoccupé par lui-même : il a tendance à « tourner autour de son nombril ». Si son comportement est calme, son humeur est instable et dépend des ambiances. Il possède une grande confiance en lui-même, mais craint l'échec.
Sociable, accueillant, il est optimiste vis-à-vis de lui et vis-à-vis des autres. Sa vie est active, il est pragmatique et efficace dans ses entreprises.

L'homme Yang

Apparence : Est de corpulence moyenne, souvent élancé, svelte ; son visage est souriant, il aime les couleurs vives. De santé délicate, il lui est conseillé de prévenir plutôt que guérir.

Psychologie : L'homme Yang est un individualiste porté vers la recherche personnelle, l'évolution, la méditation. Il est intelligent, indépendant, parfois solitaire. Il n'a aucun sens de la hiérarchie, et croit en la liberté. Il préfère l'isolement et le contact avec la nature à la foule. Contrairement à l'homme Yin, il cherche son équilibre en lui-même au lieu de le trouver chez autrui.

Tradition astrologique chinoise de Xavier Frigara et Helen Li, Éditions Dangles.

1re partie :

LE DOMAINE DU BUFFLE

Le Buffle et son symbolisme

Le Buffle est un animal de tendance Yin, il vient du Nord et appartient au solstice d'Hiver.

« Le Buffle est né de l'essence d'un pin millénaire. Il est Yin parce qu'il semble surgir du sol détrempé de la rizière. Il aide la culture et ne doit pas (comme le cheval pour nous) servir de viande de boucherie. Signe de longévité ; Lao-Tseu, le philosophe, chevauchait un Buffle dans ses voyages dans les montagnes en quête de l'immortalité. Le Buffle transcendant peut vivre des millénaires. » (J.M. de Kermadec, Les Huit Signes de votre Destin, l'Asiathèque.)

Pour mieux comprendre ces quelques lignes, ainsi que le « zodiaque » chinois dont l'origine est très obscure, il nous faut plonger au cœur même de la mythologie et du folklore chinois, c'est là seulement que nous pourrons pressentir l'origine de ces douze animaux, tous héros de vieilles légendes.

Il n'y a pas d'animal néfaste, de bon ou de mauvais : tous participent à un équilibre, une harmonie. Alors, brisons nos frontières rationnelles et partons à la recherche de notre animal au travers des mythes et des légendes, entre le réel et l'imaginaire...

Il sera difficile de suivre le Buffle, lent et secret, le long de ses sillons. Il est celui qui ouvre, celui qui creuse la terre. Terre déchirée, terre fouillée ; mais contrairement au Rat qui, lui, la creuse pour s'y enfouir, s'y cacher, le Buffle travaille la terre pour la préparer à la fécondation. C'est une force lente, tranquille, obstinée et tenace : il semble que rien ne pourrait l'arrêter dans sa marche. Le Buffle est un amoureux du travail bien accompli. Par sa puissance, alliée à un esprit contemplatif, il symbolise parfaitement l'Élément Terre, substance pesante, épaisse, dont la trame est composée de racines entremêlées, d'humus et de glaise, de boue et de rochers. Terre des rizières, des prairies grasses et lénifiantes, peau tendue sur des entrailles grouillantes. Le Buffle la foule, la piétine, la creuse, c'est une sorte d'alchimiste, officiant muet du rythme des labours.

Dans toutes les civilisations, le Buffle est un précieux auxiliaire pour l'homme : il tire la charrue, sans résistance et sans peine. Conquérant des terres vierges, il avance, immuable et paisible, emblème du Yin, monture de Lao-Tseu, symbole de sagesse passive, impassible et invulnérable.

D'un bout à l'autre de l'Asie, cet animal est objet de respect et de vénération. Il est facile d'ironiser à propos des vaches sacrées de l'Inde traditionnelle, qui incarnent la plus

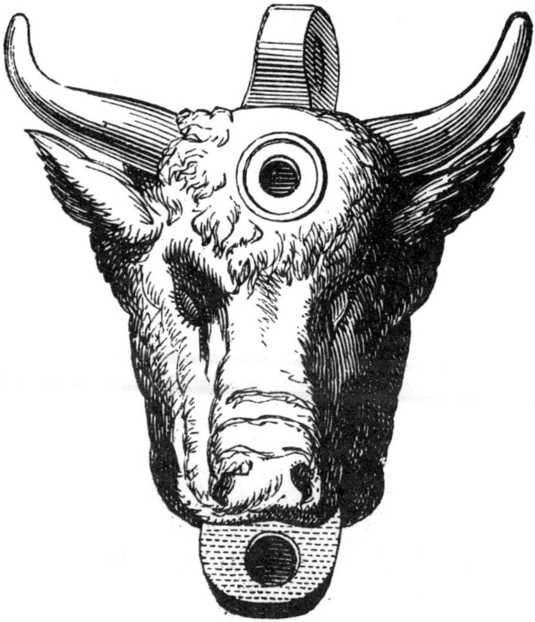

vibrante image de la maternité féconde, nourricière et protectrice. N'est-ce pas la vache qui donne les produits laitiers, base de toute l'alimentation indienne, et qui permet le développement de l'agriculture ?

Après avoir enfoncé nos pieds dans l'empreinte de ses sabots, en pleine terre humide et lourde, à la recherche de ce bœuf paisible et contemplatif, il nous faut prendre d'autres chemins, plus souterrains, afin d'y découvrir le Minotaure, gardien des enfers dans la Divine Comédie, ou encore le chercher sous le masque de taureau dont s'affuble Jupiter pour séduire et enlever Europe, fille du roi de Tyr.

« Il mugit, dit Ovide (Métamorphoses) et promène ses belles formes sur le tendre gazon : sa couleur est celle de la neige où aucun pied n'a encore mis sa dure empreinte, et que n'a détrempée le souffle humide de l'Auster. Son cou est gonflé de muscles ; son fanon pend jusqu'à ses épaules ; ses cornes sont petites mais on pourrait soutenir qu'elles ont été faites à la main et elles l'emportent par leur éclat sur une gemme d'une eau pure. Son front n'a rien de menaçant, ses yeux rien de redoutable ; une expression de paix règne sur sa face. La fille d'Agénor s'émerveille de voir un animal si beau et qui n'a pas l'air de chercher les combats ; pourtant, malgré tant de douceur, elle craint d'abord de le toucher. Bientôt elle s'en approche, elle présente des fleurs à sa bouche d'une blancheur sans tache. Son amant est saisi de joie et, en attendant la volupté qu'il espère, il lui baise les mains ; c'est avec peine maintenant, oui, avec peine qu'il remet le reste à plus tard. Tantôt il folâtre, il bondit sur l'herbe verte, tantôt il couche son flanc de neige sur le sable fauve. La princesse ose même, ignorant qui la porte, s'asseoir sur le dos du taureau ; il s'en va plus loin et il emporte sa proie en pleine mer... »

On peut se demander lequel des deux se substitue à l'autre : est-ce Jupiter qui se déguise en taureau, ou le taureau en Jupiter ? Sachez que le Buffle se plaît au jeu consistant à égarer ses partenaires au cœur de labyrinthes obscurs. Son besoin de solitude et de quête intérieure ne signifie-t-il pas que le Buffle est à la perpétuelle recherche de son identité profonde ?

Les quatre âges de la vie du Buffle, selon la tradition chinoise

L'*enfance* et la *jeunesse* du Buffle sont sans difficultés : il sera trop occupé à apprendre, à travailler, pour faire des bêtises.

Sa *maturité* sera souvent le cadre de déboires sentimentaux dus au fait qu'il ne sait guère ménager la sensibilité d'autrui et se moque des attendrissements.

Sa *vieillesse* sera calme et stable sur le plan matériel. Il devra la mettre à profit pour se pencher sur les autres et apprendre l'indulgence.

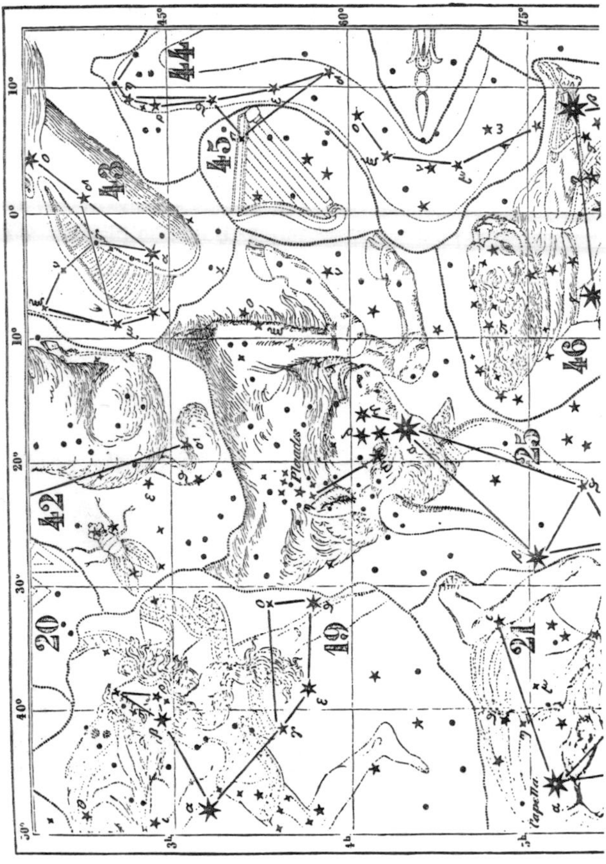

La constellation du Buffle

Petit mémento du Buffle

Principales qualités : travailleur, équilibré, patient.
Principaux défauts : têtu, mauvais joueur. A du mal à comprendre tout ce qui ne lui ressemble pas. Peu lucide en ce qui le concerne personnellement.
Dans le travail : honnête et persévérant. Grand sens des responsabilités.
Son meilleur rôle : directeur de conscience.
Sa plus mauvaise prestation : vendeur de farces et attrapes.
Vis-à-vis de l'argent : économe et prévoyant. Parfois un peu avare...
Sa chance : naître en hiver. En été, il y a un travail fou, dans les rizières... Il ne pourrait plus s'arrêter.
Il ne peut pas vivre sans : un contact avec la nature.
Il adore : soigner son jardin, respirer tranquillement, prendre son temps.
Il déteste : être mis dans son tort, se sentir contraint ou noyé dans la foule.
Ses loisirs : jardiner, bêcher... S'il a du temps devant lui, conquérir une terre, vierge de préférence.
Ses lieux de prédilection : champs fraîchement labourés, étangs tranquilles. Un endroit ignoré des autres hommes...
Couleurs : vert.
Plantes : thym, lierre, sauge.
Fleurs : pivoine, violette.

Métiers Buffle : homme : d'état, d'action, de guerre. Architecte, archéologue. Directeur d'entreprise, économiste distingué. Agriculteur, jardinier. Meneur de secte religieuse (fanatique, naturellement). Dictateur. Gardien de la Paix... Et, bien sûr, mécène.

La Psychologie du Buffle

Lorsque Bouddha appela à lui les animaux de la terre, le Buffle vint en second. Il fut dépassé par le Rat, opportuniste et rapide, mais devança ses autres congénères. Pourtant c'est un être lent, placide, qui ne prend pas de décisions irréfléchies, ne se laisse pas influencer par les bruits qui courent ; et pour le faire galoper il faut vraiment le pousser à bout, et surtout lui extirper les sabots de la terre dans laquelle il est ancré depuis des générations. Or le Buffle arriva deuxième. Grâce à une chose toute simple : Bouddha l'avait appelé. Il n'allait pas perdre de temps en route, voyons ! dans le même temps, le Tigre se permit une petite chasse, le Serpent une petite sieste, la Chèvre un petit songe... Ils se dispersèrent un peu, et le Buffle les battit... Comme la tortue de Monsieur La Fontaine laissa derrière elle le lièvre de la fable.

Cette petite histoire nous apporte beaucoup pour la compréhension de ce deuxième signe Chinois : le Buffle est un immobile-actif. Pendant qu'il rumine, en apparence indifférent au monde qui l'entoure, il emmagasine en fait de fantastiques réserves de force et de puissance pour la prochaine bataille. Il s'économise, il se prépare, s'inspecte vaguement, se passe en revue. Il attend le moment d'agir, il observe les événements, l'œil mi-clos, sans participer. S'il n'est pas décidé, vous pourrez agiter toutes les capes rouges du monde sous son nez sans le faire bouger d'un pouce.

En revanche, s'il est motivé (les motivations du Buffle sont simples : travail, famille, patrie !) il s'ébranle. Un natif du Buffle qui se met en mouvement, cela a souvent quelque chose d'impressionnant : cela commence par une sorte de déploiement en largeur – surtout chez l'homme du signe – cela continue par une sorte d'agitation à fleur de peau (il « fait » ses muscles)... Puis il s'emballe et fonçe droit au but, dans un nuage de poussière et d'adversaires renversés cul-par-dessus-tête. Notez-le : il est de la plus grande imprudence de provoquer un, ou une Buffle. Si vraiment c'est indispensable, faites-vous précéder de quelques porte-paroles réputés pour leur diplomatie, préparez une liste bien à jour de vos arguments et une valise. Si, malgré toutes ces précautions, il se met en colère avant que vous ayez terminé la lecture de vos arguments, sortez la mitrailleuse que vous aviez, par pure précaution, rangée dans la valise...

En effet, le Buffle est coléreux. Il est sujet à ces énormes crises de rage qui sont justement l'apanage des personnes au comportement calme, se maîtrisant en permanence. Quand le bouchon saute, ça fait du bruit...

Les colères du Buffle sont, à ses yeux, toujours justifiées. Elles sont d'ailleurs également justifiées par les circonstances, et fort rares. Mais elles font l'effet d'un tremblement de terre.

J'ai longtemps travaillé avec une dame du Buffle, et j'avoue honnêtement que son efficacité était sans pareille. Tout d'abord, elle réussissait à mener de front la tenue de sa maison, les soins apportés à une tante malade, et 9 heures de travail par jour. Elle était censée n'en faire que 8, mais un Bufflc qui ne termine pas son ouvrage cela n'existe pas. Elle était charmante, parfaitement organisée, bourrée de sens pratique, dévouée, serviable, à tel point qu'autour d'elle tout le monde culpabilisait de ne pas avoir le même rendement.

Mais qu'un grain de sable se glisse dans l'engrenage bien huilé de son emploi du temps, qu'un ordre intempestif vienne la déranger dans son rythme personnel – en un mot, que quelqu'un lui inflige une autre discipline que la sienne –, et boum ! notre gentille Bufflesse explosait comme le Vésuve, abreuvant de sa vindicte tous ceux qui avaient l'idée lamentable de se mêler au conflit.

Tous les Buffles, à des degrés divers, sont ainsi : ce sont les gens les plus honnêtes, les plus travailleurs, les plus efficaces de la terre. Ils font tout si bien que certains opportunistes leur laissent volontiers porter le poids des responsabilités ; les Buffles ne s'en plaignent pas, ils aiment. Ils sont résistants, persévérants, obstinés. Ils sont bourrés à craquer de principes moraux, respectent en vrac la Loi et les lois, les traditions, l'ordre, etc. La provocation vestimentaire, les attitudes volontairement choquantes les mettent mal à l'aise, bien qu'ils ne soient pas pudibonds ; simplement, ils ne sont guère portés sur l'anti-conformisme, et même lorsqu'ils le professent hautement... C'est souvent au nom d'un principe quelconque.

Pourtant les Buffles ne manquent pas d'originalité, ils sont d'ailleurs indépendants et assez individualistes. Mais tout se passe comme s'ils ne parvenaient pas, psychologiquement, à comparer, soupeser les différences. Ce sont des

êtres entiers, peu faits pour les nuances (perte de temps !) et pour eux, tout est blanc, ou noir, le reste, c'est du détail secondaire. Sans intérêt.

Le Buffle n'est guère sociable. Fidèle dans ses amitiés, dans ses sympathies, et ses antipathies, il revient rarement sur un engagement. Ses meilleurs amis sont souvent des amis d'enfance, car il se sent plus à l'aise avec les êtres qui ont foulé les mêmes chemins, humé les mêmes parfums que lui. Lorsque les amis d'enfance disparaissent, happés par la vie et par les événements, il reste souvent seul, et mettra du temps à se reconstituer un cercle intime – de préférence des voisins, des collègues. Il est sédentaire, sur tous les plans, n'apprécie guère le changement, bien qu'il soit capable d'y faire face. S'il lui arrive de douter de lui, c'est en secret et en silence ; d'ailleurs il réagit vite, en se disant que ce n'est vraiment pas le moment d'agir comme une « femmelette ». Mais la plupart du temps, il préfère agir, construire, fabriquer, réaliser – plutôt que de réfléchir au sexe des anges.

Le natif du Buffle est stable, équilibré, solide. On peut lui faire confiance : c'est lui le plus « fiable » de tout le zodiaque chinois. Mais il n'est ni bavard, ni démonstratif, et pas toujours drôle. L'humour le désarçonne un peu, il répond avec du retard – ou pas du tout – et s'en va en grommelant si l'on maintient la conversation sur un plan trop futile. D'ailleurs il n'apprécie guère les discussions, n'a pas l'oreille portée sur l'écoute des « deux sons de cloche », et, pour tout dire, se montre parfois têtu, sectaire, refusant d'admettre les différences, le point de vue d'autrui, et de reconnaître ses torts. Mais il est merveilleusement sincère et ignore le mensonge, l'hypocrisie, la vénalité. En outre, si ses colères l'aveuglent, il reconnaît honnêtement qu'il n'aurait pas du se mettre en colère.

On juge souvent les Buffles avec sévérité, car ils ne cherchent guère à se mettre en valeur, à plaire. « Si vous voulez me prendre, prenez-moi comme je suis » pourrait être leur devise. Pourtant, ils méritent que l'on fasse un effort : ces dames modestes et volontaires, ces messieurs bourrus, un peu « ours » ne manquent pas de charme, pour qui aime la sécurité.

L'enfant du Buffle

Imaginez un instant que vous avez passé votre enfance dans une pauvre masure, dressée au beau milieu d'un bidonville, dans un pays au climat froid et venteux. Par la suite, vous avez bataillé dur, vous avez amassé une fortune, et vous êtes l'heureux et légitime propriétaire d'une plantation d'hévéas et de quelques puits de pétrole. Vous avez une femme charmante, et commencez à vous demander à qui laisser le fruit de tant de patients efforts. Alors, bien naturellement, vous envisagez d'avoir un enfant.

Mais comment savoir si cette petite chose braillarde installée dans un somptueux berceau ne va pas dilapider dans les bars, les salles de jeu et les maisons closes l'empire que vous avez construit, pierre à pierre, à la sueur de votre front ? Avouons que, même si vous êtes très sage et très philosophe, la pilule serait dure à avaler... A cette situation, un seul remède préventif : ayez un enfant du Buffle. Bercez-le d'histoires de milliardaires, offrez-lui des hochets

en forme de derricks, et faites de lui, en toute tranquillité, votre légataire universel. Même s'il déteste profondément le produit qui est à l'origine de votre réussite, il ne se permettra jamas d'y attenter. Car l'enfant du Buffle est sérieux dès son plus jeune âge, respecte l'idée de l'effort et possède un sens des responsabilités tout à fait exceptionnel.

Doué ou pas, il arrivera à quelque chose de mieux que sa position de départ, car il est travailleur, voire bûcheur. Son secret ? peut-être bien, tout simplement, qu'il aime le travail, et qu'il aime se démontrer à lui-même qu'il est capable d'être le premier de sa classe, devant le petit Untel qui est le chouchou de la maîtresse, et le grand Machin qui est si brillant.

Pourvu d'esprit pratique, l'enfant du Buffle est souvent un pragmatique. Il pense toujours aux débouchés éventuels, aux possibilités concrètes qu'offre la connaissance d'une matière. La poésie est rarement son fort, pas plus que les sujets abstraits. Mais il peut être doué pour les maths, la grammaire, la gestion. C'est un réaliste-né. Pendant les récréations, il est souvent un peu solitaire, à l'écart, ou alors il a un petit groupe de copains choisis, avec lesquels il joue aux échecs ou à la bataille navale. Votre rôle de parent est de le socialiser, de le détendre. Pour un peu, vous pourriez vous permettre de lui dire : « bof, ce Bac, et même si tu ne l'as pas, quelle importance ? » Il l'aura de toutes façons, mais votre réaction lui permettra une meilleure réussite à l'oral. Car ce perfectionniste est terriblement sujet au trac lorsqu'il s'agit d'exposer verbalement ses connaissances.

Vie sentimentale

Le sentiment est rarement la fonction organique dominante des êtres nés dans une année du Buffle, car ils sont gens réalistes plus que romantiques. Pour eux il y a des choses essentielles – manger, dormir, travailler, tenir ses promesses, protéger ses acquis et sa famille – ; des choses importantes, certes, mais dont avec un petit effort on pourrait se passer – l'amour, le sexe (attention : les Buffles sont très « sexuels » mais tout à fait capables de dissocier désir et sentiment) ; et d'autres choses, totalement superflues : les déclarations et les petites attentions.

Pas très romantique

Comme tout un chacun, le natif – ou la native – du Buffle a besoin de se sentir aimé. Mais il est très épris d'indépendance et préfère organiser sa vie à sa guise, en s'efforçant toutefois de ne pas rendre la vie impossible à ceux qu'il aime. Il est, reconnaissons-le, rarement odieux en le faisant exprès, mais plutôt par inattention, ou parce qu'il est préoccupé par autre chose. Si vous aimez un Buffle, sachez qu'il est bourré des qualités classiques que l'on attribue à un bon mari, ou une bonne épouse : fidèle, sérieux, conscient de ses responsabilités familiales. Lui est souvent bricoleur, elle bonne cuisinière, bonne mère et parfaite maîtresse de maison. Mais si vous en attendez des fleurs pour votre anniversaire, prévenez de préférence sa secrétaire. Lui, il n'y pensera pas, et puis, de toutes façons, des fleurs, quelle dépense inutile... Il vous en offrira le jour de vos fiançailles, une fois pour toutes. Après... Terminé. Il a d'autres chats à fouetter.

En bref, pour un Buffle de bonne souche, l'amour passe souvent au second plan. Il n'est pas une nécessité, mais plutôt un mal nécessaire. Cela n'a rien à voir avec la qualité de ses sentiments, qui sont en général profonds, dévoués... Mais il n'est absolument pas romantique. Le sexe a une grande importance dans la vie du Buffle. L'homme de ce signe, en particulier, est capable d'avoir des liaisons « hygiéniques », car l'amour physique est pour lui un intense besoin organique, au même titre que la faim ou la soif – et il ne se pose guère de questions à ce sujet. De son côté, Madame Buffle a un goût assez vif pour l'autre sexe, mais elle répugne en général aux manifestations impudiques et préfère le lit conjugal à l'exaltation des oreillers de passage.

Le Buffle est exclusif mais pas tellement soupçonneux ; il est trop occupé à travailler pour jouer les détectives. S'il épouse quelqu'un, cela veut dire qu'à priori, il lui fait confiance. A tout prendre, d'ailleurs, il supportera plus aisément que son conjoint fasse un écart plutôt qu'une folle dépense ou une erreur dans l'éducation des enfants.

Attention : un Buffle déçu sur le plan affectif l'est pour la vie. Il est quasi-impossible de regagner sa confiance lorsqu'on l'a perdue. Il deviendra soupçonneux, méfiant, malheureux, désagréable, et sera incapable de « repartir à zéro ». Même s'il le fait, par amour et par bonne volonté, le souvenir de « l'erreur » restera présent et empoisonnera sa mémoire – et la vie du conjoint trop volage.

Vie familiale

Le Buffle est merveilleux à fréquenter lorsqu'avec un peu d'expérience, on a appris que les actes comptent plus que les paroles. Il est meilleur dans le rôle de vieil époux que dans celui de fiancé ou de jeune marié. Chacun sa spécialité... Mais surtout, les Buffles sont des parents

exceptionnels. C'est vraiment là leur meilleure prestation. Honnêtes avec eux-mêmes, comme avec leur progéniture, ils n'exigent jamais d'un enfant une action dont ils seraient incapables. En toutes circonstances, ils lui donnent le bon exemple, et se montrent extrêmement attentifs à ses progrès.

Ils savent aussi doser à merveille l'autorité et la bienveillance, sont sécurisants parce que réguliers, et très imbus de l'importance de leur rôle de parent.

Ce n'est pas un Buffle qui étouffera son enfant, ou cherchera à lui faire faire ce qu'il n'a pas réussi lui-même : ce signe accorde beaucoup de soin au libre développement de l'individualité de ses rejetons.

Tous les enfants nés sous un signe « adaptable » se trouveront bien d'avoir un parent Buffle, en particulier le Chat, le Sanglier, et même la Chèvre, qui fera de louables efforts pour accéder aux exigences de ce père, ou de cette mère, si stable. Le Singe et le Serpent feront semblant d'obéir et n'en feront naturellement qu'à leur tête. C'est avec le Rat, ennemi des tutelles, le Dragon et le Tigre, qu'il y aura quelques difficultés, car ils n'accepteront jamais d'être guidés avec rigueur. De même pour le Cheval, qui prendra la poudre d'escampette à la première occasion. Les parents du Buffle admettent difficilement qu'un de leurs enfants décide prématurément de les quitter. Aussi auront-ils des problèmes avec les adolescents en mal de liberté, plus qu'avec les enfants d'âge scolaire. Madame Buffle, avec la meilleure volonté du monde, fera une drôle de tête si sa fille de 15 ans lui demande la pilule... Eh oui ! parents du Buffle, voici votre point faible : vous avez bien du mal à voir vos enfants grandir...

Vie professionnelle

Les natifs du Buffle sont calmes, obstinés, patients ; ils sont également ambitieux et aiment le pouvoir – quoiqu'ils en disent. Attention : ne vous laissez pas avoir par un Buffle qui vous affirme noblement « Du moment qu'on me laisse travailler tranquille je me moque complètement d'avoir ou non une autorité à exercer ». C'est un peu vrai : ces animaux solitaires aiment travailler tranquilles,

Particulièrement exigeant

détestent être perturbés dans leur organisation. Ils ne recherchent pas ouvertement l'autorité mais supportent très mal qu'on la leur dénie. Affaire de nuances...

Un vrai Buffle préférera donc toujours les postes à fortes responsabilités aux sinécures, car il se sent valorisé par la somme de travail accompli. Et il se sentira toujours mieux en haut de l'échelle ; à la rigueur il trouvera un équilibre dans un rôle d'« échelon indispensable » de la hiérarchie.

Souvent les Buffles se laissent envahir par leurs obligations ; ils ont l'impression que personne ne fera leur travail aussi bien qu'eux... Ce en quoi ils ont fréquemment raison. Lorsqu'ils sont mal secondés, quand l'intendance, pour une raison quelconque, ne suit pas, ils déclarent volontiers « Je ferai ça tout seul, et vous allez voir ce que vous allez voir »... Et ils le font. Bien. Mais ils risquent aussi d'y perdre leur équilibre, car ils ont besoin, de temps en temps, de coupures, de grand air, de marches longues et revigorantes. C'est à leur entourage qu'il appartient de savoir les arrêter quand ils exagèrent.

Les Buffles sont aptes à trouver des solutions originales, et de toutes façons n'abandonnent pas un problème avant de l'avoir résolu. Ils sont respectueux de leurs supérieurs, mais exigeants avec leurs employés. On peut cependant tabler sur leur honnêteté qui leur fera toujours éviter l'injustice. Cependant, parfois, ils se montrent injustes et durs... Par inattention, parce qu'ils ont beaucoup de mal à se mettre à la place des autres.

Les Buffles sont aptes à s'élever dans les métiers administratifs, politiques, etc. Ce sont des meneurs, faits pour diriger avec conscience et compétence. Mais ils ont besoin d'une activité concrète et réaliste : la psychologie et l'abstraction ne sont pas leur fort.

Vie matérielle

Le Buffle est un des signes les mieux armés face à la vie matérielle, car toutes les tendances de son caractère le poussent à agir avec intelligence et prudence quand sa sécurité est en jeu. Et puis, il aime l'argent, sans être esclave de son confort, chose qui amène, par exemple, les natifs du Rat à faire des dépenses somptuaires. Le Buffle est économe, raisonnable. Il ne sort son porte-monnaie qu'à bon escient, en pensant à l'utilité de la dépense. Seul domaine où il est parfois prodigue : les cadeaux qu'il fait à ses enfants ou à son conjoint. Autrement, il peut se montrer parcimonieux, voir même un peu ladre.

Il aime son confort

Autant certains signes éprouvent un plaisir viscéral à jeter l'argent par les fenêtres, autant le Buffle est plus heureux de savoir ses économies bien placées et son compte bien approvisionné. Il gère son avoir d'une façon méticuleuse, paye ses impôts en temps voulu – ni trop tôt, ni trop tard – et classe ses factures avec soin. Madame Buffle est du genre à prévoir un budget minutieux dans lequel aucun détail n'est oublié, depuis les prochaines vacances jusqu'aux cadeaux de Noël, en passant par la nourriture et les médicaments... Tous les natifs de ce signe aimeraient bien, d'une façon quelconque, laisser la trace de leur sillon sur cette terre. Cela peut les conduire à édifier de véritables empires monétaires, d'autant plus qu'ils souhaitent toujours assurer l'avenir de leurs enfants. Ils y mettront le temps qu'il faudra... Je suis persuadée qu'un Buffle bon teint, quel que soit son point de départ, finira toujours sa vie avec des finances en meilleur état qu'elles ne l'étaient au départ. Et tout cela sans spéculer, bien sûr, en empruntant un minimum, en remboursant à la date précise. Un vrai rêve pour les banquiers... Ils n'auraient plus de souci à se faire si tous leurs clients étaient du Buffle...

Environnement

Le Buffle n'est pas excessivement sensible aux ambiances, et du moment qu'il se sent libre de ses mouvements, tout va bien. Si un coussin jure avec le canapé, ou bien si on déplace un objet sans le prévenir, il n'en fera pas une maladie. Il aime se retrouver chez lui, au milieu d'un bric à brac, de vieilleries, photos et souvenirs d'amis perdus de vue depuis longtemps. Tout y est confortable, mais fonctionnel, sans raffinements spéciaux : il déteste les tables enjuponnées, les bibelots fragiles, les meubles précieux, leur préférant le style rustique et les parquets bien cirés.

Le Buffle est sédentaire, mais pas casanier : son domaine, c'est essentiellement la nature. C'est pourquoi il serait idéal, pour lui, d'avoir un jardin, et, encore mieux, d'habiter à la campagne. Tous les matins, après avoir compté ses sous, il ira faire une grande balade, tout seul, bien sûr. Le froid et la bise ne gêneront pas son enthousiasme, le brouillard n'entamera pas la volupté qu'il

Bien des problèmes

éprouve à sentir ses semelles s'enfoncer dans la terre grasse. C'est un homme de la nature, attaché à ses racines. Il n'est pas bavard, dans la vie de tous les jours... Aussi serez-vous bien étonné de le surprendre en train de parler aux fleurs et aux arbres... Bien sûr, il aura un verger, un potager ; Madame Buffle en fera des conserves appétissantes, qui garniront le haut d'un grand bahut ancien et solide.

Son cadre idéal, ce serait évidemment une ferme. S'il est citadin, un pavillon flanqué d'un carré de salades fera l'affaire, et s'il se trouve obligé d'habiter un appartement, offrez-lui donc quelques plantes vertes... Il les soignera avec amour.

J.J. Grandville

Petit guide des relations avec un Buffle

Ses méthodes de séduction.
Lui : tout d'abord, l'observation. Il vous tourne autour d'un air réticent. Ensuite : « Tu veux, ou tu veux pas ? »
Elle : l'attente calme et paisible, du style « il va quand même bien finir pas s'apercevoir que je suis la femme qu'il lui faut »...

S'il vous aime : dans la mesure du possible, il évitera de vous le dire. A la rigueur, le jour où il sera submergé de désir, et où ce sera vraiment le seul moyen d'arriver à ses fins... Elle : le jour de votre mariage, puis lorsqu'elle n'aura aucun autre truc pour vous récupérer.

Il attend de vous : fidélité, loyauté, et respect de sa liberté.

Pour vous garder : il ne fera rien, car il ne se rendra pas compte que vous voulez partir... A la rigueur, quelques cadeaux.

S'il vous trompe : il ne voit pas ce qu'il y aurait de répréhensible. Après tout, il est libre, non ? Mais, en général, il ne vous trompe pas.

Si vous le trompez : il n'en parle guère, mais il est horriblement vexé. Attention : cela risque de tout remettre en cause. Il peut partir à jamais, sauf si vous avez des enfants.

En cas de rupture : il essaye d'arranger les choses, car il n'aime pas les séparations. Si vraiment cela n'est plus possible, il vous envoie carrément sur les roses, et reprend ses billes, sans en oublier une seule.

Si vous voulez lui faire un cadeau : dénichez, dans une vieille poubelle, une plante verte rachitique et privée d'oxygène. Apportez-la lui en courant, et dites-lui : *« Il n'y a vraiment qu'avec toi qu'elle se sentira bien »...*

Si vous voulez le séduire : accompagnez-le pendant une longue randonnée pédestre. Pour cela, levez-vous, naturellement, à cinq heures du matin au plus tard. Observez un silence total, ne troublez pas ses méditations. Au moment de la pause, avancez-vous vers lui, déshabillez-le... Et attendez qu'il vous parle mariage.

Si vous voulez le faire fuir : posez la tête sur son épaule et dites-lui amoureusement : *« Quand nous serons mariés, tu seras tout à moi »...*

Le Buffle
et les autres signes chinois

Buffle / Rat

Le Rat et le Buffle s'entendent bien. Tous deux individualistes ils sont bien placés pour comprendre et admettre l'indépendance de l'autre. Ensuite, le Rat a besoin d'être pris au sérieux, et le Buffle, de toutes façons, prend tout très au sérieux ! en plus, peu porté sur les cancans, il respectera les secrets de son partenaire. Cela ira moins bien lorsque le Rat, qui ne sait pas résister au charme des confidences, surtout lorsqu'elles sont un peu hardies, ira raconter à ses copains de régiment (ou ses amies de pension) les prouesses intimes du Buffle... Ce dernier, s'il l'apprend, verra rouge.

Le besoin de passion du Rat ne sera peut-être pas toujours entièrement satisfait car le Buffle ne pense pas qu'à cela. Avant de se coucher, il fait ses comptes et vérifie si le gaz est bien fermé. Mais il est fidèle et sécurisant, car, au masculin ou au féminin, il prend toujours ses responsabilités. En fait, le Rat y trouvera son compte. Et le Buffle aussi, car l'intelligence et la vivacité de ce compagnon lui seront utiles dans la vie de tous les jours.

Buffle / Buffle

Aucun problème au niveau de la vie quotidienne : tout marchera comme sur des roulettes, les repas seront servis à l'heure et les fins de mois bien programmés.

Ils risquent simplement de s'ennuyer un peu, ensemble. Un Buffle qu'on oublie de secouer de temps en temps, et qui n'a pas l'occasion de se confronter au monde extérieur, s'endort facilement dans sa rizière. N'oublions pas que cet animal se conduit avec un aiguillon... Avec quelqu'un de trop semblable, un natif de ce signe s'enlisera souvent dans un train-train qui le rendra paradoxalement très sensible

aux tentations venues d'ailleurs. La vie professionnelle, avec ses responsabilités, et l'indépendance réciproque qu'elle entraîne, sera un facteur d'équilibre pour ce couple. Mais de grâce, qu'ils ne choisissent pas d'ouvrir un commerce ensemble ! Ils manquent de l'habileté nécessaire pour donner à une clientèle envie de dépenser.

Buffle/Tigre

Pour le Tigre, tout est proie en puissance, le Buffle y compris. Un vrai Tigre a toujours l'œil qui s'allume au simple vu d'un possible gibier. Mais il a parfois les yeux plus grands que le ventre. C'est vrai pour ses relations avec le Buffle : celui-ci, à vrai dire, malgré son indépendance, se laisse parfois dévorer sans s'en apercevoir... Mais le dévoreur risque une mémorable indigestion.

Sans empêcher le Tigre de vagabonder, le Buffle le considérera d'un œil sévère, l'accusera d'être imprudent, déraisonnable, irréfléchi. Les associations d'affaires sont à déconseiller, car la moindre discussion finirait en pugilat. Cependant, sur le plan affectif, si Monsieur est le Tigre, et s'il prend bien soin d'approvisionner sa tanière en viande fraîche, Madame Buffle s'y adaptera tant bien que mal. Si c'est Madame qui est Tigre... Tout ira bien, tant qu'elle sera très amoureuse. Après, elle risque de se morfondre et de cultiver ses fantasmes, auprès de ce monument de bonne conscience qu'est le Buffle...

Buffle/Chat

Idéal ! le Chat a besoin de sécurité, de calme, et d'harmonie. Le Buffle est sécurisant, calme et stable. Le Chat est parfois volage, plus pour se prouver à lui-même sa propre séduction que par goût de l'infidélité, mais aime avant tout son foyer. Le Buffle est plutôt fidèle, et très moyennement soupçonneux : ce n'est pas son genre d'aller faire les poches de son conjoint. Tous deux craignent un peu les revers de fortune, les changements de situation et les imprévus désagréables. Nul doute qu'ils se donneront un mal fou pour mettre leur maison à l'abri des aléas.

Dans ce couple, il serait souhaitable que l'élément actif soit le Buffle, car il est plus indépendant et mieux armé pour affronter les difficultés. Si son manque de diplomatie lui attire des problèmes, le Chat, plus souple et plus opportuniste, lui donnera d'utiles conseils.

Un seul obstacle : le Buffle aime les réponses claires et nettes. Le Chat est hésitant, incertain, peu sûr de lui. Avant qu'il ait fait le tour de la question et trouvé la solution idéale, le Buffle aura eu le temps de prendre ses décisions tout seul.

Cette union, positive sur le plan affectif, n'est guère à conseiller au niveau des affaires, à moins qu'il y ait un troisième associé Tigre pour assumer les risques...

Buffle / Dragon

Le premier est un homme du quotidien, de tous les jours, et dès son plus jeune âge, il prend conscience du danger d'aller trop vite. Le second, au contraire, est l'homme des situations exceptionnelles, du changement, aussi bien sur le plan politique, qu'affectif ou professionnel... Dans la vie d'un Buffle, le Dragon va passer comme un torrent de flammes, et après lui, rien ne sera jamais tout à fait pareil. Cela sera excellent, pour le Buffle. Il en sortira fatigué, mais rénové, plus mûr, plus lucide... De son côté, le Dragon appréciera pendant un temps le côté stable et positif du Buffle. Cela le reposera, le fera réfléchir...

En bref, c'est une relation utile à l'un comme à l'autre. Mais difficilement durable, ou alors, il faudrait que le Dragon ait une profession qui lui permette de voyager beaucoup : sinon il s'ennuiera vite et deviendra insaisissable.

En revanche, sur le plan professionnel, le Dragon sera bien inspiré d'avoir un associé du Buffle pour tenir les comptes.

Buffle / Serpent

Il y suffira d'un peu de bonne volonté de part et d'autre, et d'ailleurs, le Serpent s'entend bien avec presque tout le monde. Dans ce couple, le Buffle croira dominer, ce qui lui plaira beaucoup ; son conjoint Serpent, volontiers partisan du moindre effort, se gardera bien de le contredire. Il entourera le Buffle, le ligotera dans les rêts de sa séduction et de sa compréhension, le complimentera sur son sérieux, son sens des responsabilités, s'appuiera sur lui avec délectation. Le Serpent aime le confort, il a de la volonté, mais, s'il trouve quelqu'un qui est prêt à travailler pour deux, il ne fera que le strict nécessaire – pour se maintenir en forme. Bref, le Buffle se fera dévorer, mais il sera content. Le Serpent sera content aussi, car il se sentira en sécurité. Rassuré quant à la fidélité de son compagnon, il se

Parfois on peut craindre quelques frictions

permettra quelques petits extras discrets, pour se distraire. Personne ne le saura... Et tout ira pour le mieux.

Sur le plan professionnel, ils se compléteront : l'un travaillera, l'autre réfléchira. Ensemble, ils pourront amasser une belle fortune.

Buffle / Cheval

Ce n'est pas évident. Tout d'abord, Buffle et Cheval sont aussi égoïste l'un que l'autre. Ils ne feront guère d'efforts pour se comprendre. Puis, le Cheval ne tient pas en place, et le Buffle est sédentaire. Le Cheval caracole un brin, et le Buffle rumine. Ils auront bien du mal à vivre au même rythme, à se croiser dans la vie. On pourrait même se demander s'ils se rencontreront...

Si c'est le cas, et si, par inadvertance, ils tombent amoureux l'un de l'autre, cela durera peut-être, grâce à la bonne volonté du Buffle. Mais le Cheval sera malheureux, car tout égocentrique qu'il est, il est passionné, sentimental, a besoin d'être aimé, qu'on le lui montre, qu'on le lui prouve... A sa première « crise de romantisme », le Buffle le douchera froidement, sans le vouloir, car les déclarations, ce n'est pas son fort.

Par ailleurs, le Cheval est sociable, et le Buffle n'aime rien tant que sa tranquillité et ses moments de solitude... Il faudrait que les autres signes dominants, chinois ou européens, soient vraiment en harmonie pour que cela puisse marcher ; de même, l'entente possible entre les éléments sera à consulter.

Buffle / Chèvre

Si l'on choisissait toujours, dans la vie sentimentale, son opposé total, le couple Buffle/Chèvre serait idéal. Opposés l'un à l'autre dans le Zodiaque chinois, ils sont aussi différents qu'il est possible de l'être, et ce serait très utile, pour les deux, de parvenir à une durable cohabitation.

Le Buffle se trouverait fort bien de respirer un peu l'air léger, imaginatif et fantaisiste qui entoure la Chèvre, comme une aura. Et celle-ci, dont la spécialité ne consiste pas à prendre des décisions – à plus forte raison des décisions sages – puiserait efficacement dans les réserves de sens pratique du Buffle. Tout ceci est écrit au conditionnel... Parce que la tradition chinoise conseille vivement au Buffle d'éviter la Chèvre, et vice et versa.

Un couple idéal

Il est tentant et facile de dire qu'ils se rendraient chèvre... Souhaitons-leur, cependant, de se rencontrer et de s'aimer (c'est là le plus difficile !) car ils pourraient ensuite s'avérer très positifs pour leur réciproque évolution, et surtout pour leur équilibre mutuel.

Buffle / Singe

La vivacité du Singe risque fort de laisser le Buffle pantois et étourdi. Pour un peu il en oubliera sa méfiance habituelle pour admirer les pirouettes de ce partenaire susceptible de combler son besoin d'originalité.

De son côté, le Singe lucide saura apprécier à sa juste valeur la stabilité du Buffle, son équilibre naturel. Lui dont le centre de gravité oscille sans cesse y trouvera une sécurité dont il a besoin.

Ajoutons que ces deux signes sont peut-être les moins « sentimentaux » du Zodiaque chinois, car ils n'accordent pas à l'amour la première place dans leur vie. Ils seront tous deux bien contents d'accueillir un partenaire ignorant les scènes de jalousie, l'attendrissement et les serments « bébêtes » (selon eux, bien sûr)... Ce sera donc une bonne association, dans le mariage comme dans les affaires. Sur ce dernier plan, ils seront d'ailleurs de redoutables alliés desquels il ne fera pas bon dépendre en cas de difficulté, car la compassion n'est pas leur fort.

Buffle / Coq

Pas de problème ! le Buffle laissera le Coq briller en paix, et sera conscient du rôle utile et important qu'un conjoint sociable peut jouer dans sa vie, à lui qu'on accuse souvent d'être un peu grave et taciturne. Tous deux ont besoin de

liberté, et comprennent aisément cela chez autrui. Le Coq aime chanter en paix, et laissera volontiers au Buffle le soin d'organiser la vie quotidienne. En plus, malgré son côté « cocorico-à-tout-prix » il a un côté conformiste et raisonnable. C'est sur ce terrain qu'il trouvera la plus grande harmonie avec un conjoint du Buffle.

Bien sûr, parfois, on peut craindre quelques frictions. Par exemple quand Monsieur Coq ramènera, à l'improviste, un plein camion de copains à dîner. Ou quand le Buffle – homme ou femme – critiquera vertement son Coq, devant les copains, ou les copines, en question. Dans le travail, Buffle et Coq s'associeront également de façon profitable. Il faudrait que le Buffle gère l'entreprise, pendant que le Coq s'occuperait des relations publiques...

Buffle/Chien

Si Monsieur est Chien, et s'il choisit pour compagne une dame Bufflesse, on pourrait dire avec peu de risques d'erreur que ses ennuis sont finis. Aux côtés de cette personne stable, sécurisante et raisonnable, il oubliera ses insomnies pour se consacrer aux joies familiales, et ne s'angoissera plus dès qu'un grain de sable viendra contrarier ses projets. On pourrait aussi conseiller à un PDG du Chien d'avoir un second du Buffle, qui puisse le rassurer en lui disant à tout moment : « mais non, la caisse est saine et la faillite n'est pas encore pour demain... »

Si Madame est Chien ce sera plus délicat. Les dames nées sous ce signe, au lieu de ressasser leurs angoisses, choisissent parfois de s'en évader dans la futilité et la recherche des plaisirs. De quoi épuiser les ressources de tolérance de Monsieur Buffle... Quoiqu'il en soit, ils s'estimeront mutuellement. Le Buffle admirera la profondeur de pensée du Chien, celui-ci adorera la stabilité du Buffle. Heureuse union, solide et durable, en perspective. Sauf que le Chien souffrira souvent des réticences affectives du Buffle, qu'il prendra pour de la froideur.

Buffle/Sanglier

Le Sanglier se pense rusé, mais se montre souvent crédule. Le Buffle sera méfiant pour deux. Et l'un et l'autre s'estimeront pour leur rigoureuse honnêteté.

Le Buffle aime avoir la paix et le Sanglier est un fervent de la Paix. De quoi trouver un terrain d'entente... Il y a cependant des divergences. Souvent jouisseur, le Sanglier comprendra mal le côté économe et prévoyant du Buffle. Ils ne trouvent pas leur plaisir dans les mêmes choses, l'un se satisfaisant du nécessaire et l'autre ne crachant pas sur le superflu. Dans la maison, par exemple, le Buffle s'irritera de voir son conjoint Sanglier dépenser leurs économies rien que pour améliorer un confort qu'il estime déjà bien suffisant.

Le Sanglier reprochera à son sérieux compagnon de ne pas savoir profiter de la vie, de jeter ses belles années à la poubelle, de trop travailler, alors qu'il pourrait faire autrement... Heureusement, cela n'ira jamais trop loin, car le Sanglier, tout fonceur qu'il est, saura s'arrêter à temps, afin de préserver une harmonie à laquelle il tient par dessus tout. Finalement, le Buffle se laissera peut-être entraîner au restaurant, le jour de leur anniversaire de mariage...

清也。以淨器盛之則清。以不淨之器盛之
明。理在濁的氣中如珠在那濁的水裏面、
在天則曰命、在人則曰性。理者、天之體。命
知覺不離理。理貫通。無心則無着處。心是

CÉLÉBRITÉS DU BUFFLE

Clément Ader, Andersen, Aristote, Bach, William Blake, Blanqui, Camus, Canova, Ch. Chaplin, Charles X, Charles le Téméraire, Clemenceau, Cocteau, Cuvier, Dante, Walt Disney, Dubuffet, Dvorak, Erasme, Fallières, Geronimo, Giacometti, Hébert, Heidegger, Heisenberg, Henri IV, Hiro-Hito, Hitler, R. Kipling, Laennec, Lafayette, Larousse, Vivian Leigh, Claude Lelouch, Ferdinand de Lesseps, Machiavel, Malraux, Mermoz, Montgolfier, Berthe Morisot, Napoléon, Nehru, Nixon, Madame de Pompadour, Auguste Renoir, Cecil Rhodes, Richard-Cœur-de-Lion, Daniel Rops, Rubens, Salazar, Sibélins, Soult, Van Dongen, Van Gogh, Vercingétorix, Volta, Wellington, Yeats, Zapata, Giscard d'Estaing.

2e partie :

LE COMPAGNON DE ROUTE

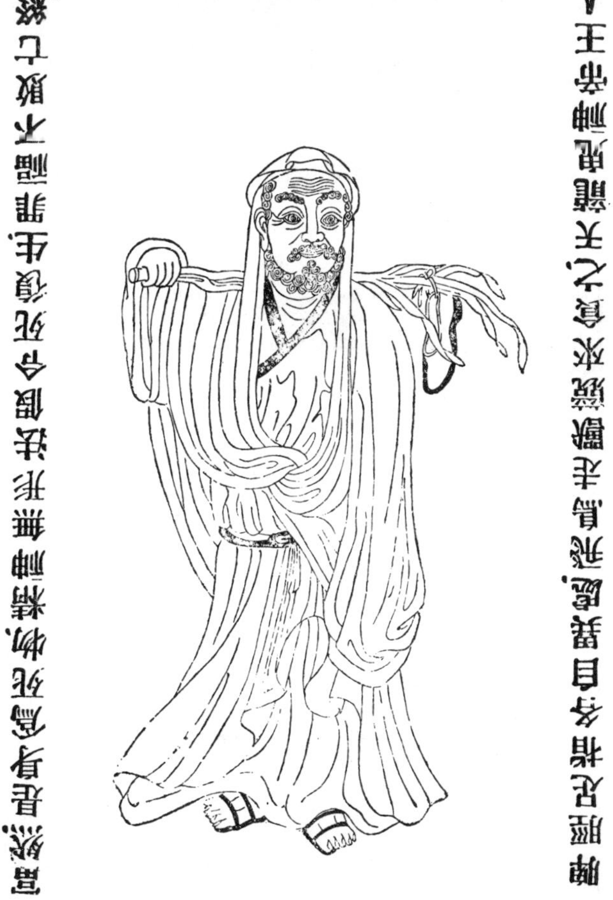

N'avez-vous pas déjà ressenti, au fond de vous, la présence subtile d'un autre « moi-même », avec lequel vous vivez, tantôt en harmonie, tantôt en conflit ? Qui tantôt vous critique, tantôt vous encourage ? C'est cela, le Compagnon de route.

Il fera parfois figure d'imposteur, d'importun. Il est vrai qu'il dérange souvent vos habitudes, notre confort moral ou spirituel. Avec ce double intérieur, la route est moins monotone et le voyageur multiplie ses chances d'arriver au but qu'il s'est fixé, peu importe le but — seul compte le voyage. Le plus grand danger venant du sommeil, il est utile d'avoir un Compagnon capable de vous maintenir en « état d'éveil », renversant pour cela, si nécessaire, vos points de repères, piétinant vos jardins secrets, déchirant enfin le grand voile de l'illusion.

Il arrive quelquefois que le Compagnon de route soit le signe même de votre année de naissance, un frère jumeau en quelque sorte, par exemple : un Buffle/Buffle. Dans ce cas sachez qu'il vous acculera à vous assumer pleinement et à vivre le double aspect, le Yin et le Yang que vous portez en vous... De toute façon vous portez en vous les douze Animaux. Alors partez sur la longue route, pour la grande aventure, le beau voyage au cours duquel vous croiserez harmoniquement enchevêtrés le solennel et le grotesque, le réel éphémère, le rêve et l'imaginaire.

Le signe chinois de votre heure de naissance.

Le compagnon de route est une sorte « d'Ascendant » en correspondance avec votre heure de naissance, un autre animal appartenant au cycle des douze animaux emblématiques chinois. Un compagnon vous emboîtant le pas, prêt à vous porter secours, défiant pièges et embûches sur votre route, ombre permanente et bénéfique rendant possible l'impossible.

C'est un complément, un *plus* : avec son caractère propre, sa tendance, sa psychologie différente, il sera à la fois témoin et acteur de votre vie, ange gardien et avocat du diable.

« Le compagnon de route » ou Ascendant chinois se détermine, comme dans l'astrologie occidentale, en tenant compte de l'heure de la naissance.

Seule différence — mais de taille — il se calcule, traditionnellement, non pas en « heure locale » (heure et lieu de naissance) mais en heure de Pékin.

Sans vouloir formuler de jugement, cette pratique est sujette à discussion : en effet, elle a été mise au point pour des personnes nées exclusivement en Chine ou au Vietnam ; il serait donc logique de l'adapter pour ceux qui ont vu le jour dans d'autres pays. C'est pourquoi nous indiquons ici les deux façons de procéder : Ascendant calculé « à la chinoise » et « à l'occidentale ».

Tout d'abord, il importe de trouver l'heure solaire de votre naissance (heure du méridien de Greenwich) qui va servir de base à tous les calculs. Consultez les tableaux suivants pour savoir s'il faut retrancher une ou deux heures à celle qui figure sur votre fiche d'état civil :

HEURE D'ETE

En France depuis 1916

Du 14 juin au 1er octobre 1916 : – 1 h
Du 24 mars au 7 octobre 1917 : – 1 h
Du 9 mars au 6 octobre 1918 : – 1 h
Du 1er mars au 5 octobre 1919 : – 1 h
Du 14 février au 25 octobre 1920 : – 1 h
Du 14 mars au 25 octobre 1921 : – 1 h
Du 25 mars au 7 octobre 1922 : – 1 h
Du 26 mai au 6 octobre 1923 : – 1 h
Du 29 mars au 4 octobre 1924 : – 1 h
Du 4 avril au 3 octobre 1925 : – 1 h
Du 17 avril au 2 octobre 1926 : – 1 h
Du 9 avril au 1er octobre 1927 : – 1 h
Du 14 avril au 6 octobre 1928 : – 1 h
Du 20 avril au 5 octobre 1929 : – 1 h
Du 12 avril au 4 octobre 1930 : – 1 h
Du 18 avril au 3 octobre 1931 : – 1 h
Du 16 avril au 1er octobre 1932 : – 1 h
Du 26 mars au 8 octobre 1933 : – 1 h
Du 7 avril au 6 octobre 1934 : – 1 h
Du 30 mars au 5 octobre 1935 : – 1 h
Du 18 avril au 3 octobre 1936 : – 1 h
Du 3 avril au 2 octobre 1937 : – 1 h
Du 26 mars au 1er octobre 1938 : – 1 h
Du 15 avril au 18 novembre 1939 : – 1 h
Du 24 février au 15 juin 1940 : – 1 h

HEURE D'ETE

Entre 1940 et 1945

Zone libre

Du 25 février 1940 au 4 mai 1941, 23 h : – 1 h
Du 4 mai 1941, 23 h au 6 octobre 1941, 0 h : – 2 h
Du 6 octobre 1941, 0 h au 8 mars 1942, 24 h : – 1 h
Du 9 mars 1942, 0 h au 2 novembre 1942, 3 h : – 2 h
Du 2 novembre 1942, 3 h au 29 mars 1943, 3 h : – 1 h
Du 29 mars 1943, 3 h au 4 octobre 1943, 3 h : – 2 h
Du 4 octobre 1943, 3 h au 3 avril 1944, 2 h : – 1 h
Du 3 avril 1944, 2 h au 8 octobre 1944, 0 h : – 2 h
Du 8 octobre 1944, 0 h au 2 avril 1945, 2 h : – 1 h
Du 2 avril 1945, 2 h au 16 septembre 1945, 3 h : – 1 h

Zone occupée

C'est l'avance des armées d'occupation qui a déterminé l'adoption de l'heure d'été allemande. Celle-ci a été en vigueur à partir du 15 juin 1940, 11 h, à Paris, et du 1er juillet 1940, 23 h, à Bordeaux. Donc, à partir de ces dates jusqu'au 2 novembre 1942, 3 h : – 2 h. A partir du 2 novembre 1942 le régime horaire fut le même qu'en zone libre.

De 1945 à 1976 : heure légale — 1 h

Depuis 1976

Du 28 mars, 1 h au 26 septembre 1976, 1 h : — 2 h
Du 3 avril, 2 h au 25 septembre 1977, 3 h : — 2 h
Du 2 avril, 2 h au 1er octobre 1978, 2 h : — 2 h
Du 1 avril, 2 h au 30 septembre 1979, 3 h : — 2 h
Du 6 avril, 2 h au 28 septembre 1980, 3 h : — 2 h
Du 29 mars, 2 h au 27 septembre 1981, 3 h : — 2 h
Du 28 mars, 1 h au 26 septembre 1982, 1 h : — 2 h
Du 27 mars, 2 h au 25 septembre 1983, 3 h : — 2 h
Du 25 mars, 2 h au 30 septembre 1984, 3 h : — 2 h
Du 31 mars, 2 h au 29 septembre 1985, 3 h : — 2 h
Du 30 mars, 2 h au 28 septembre 1986, 3 h : — 2 h
Du 29 mars, 2 h au 27 septembre 1987, 3 h : — 2 h

Par exemple, vous êtes né un 9 août 1954 à 1 h du matin : vous devez retrancher 1 h, ce qui égale 0 h en heure solaire.

Ensuite, si vous voulez calculer votre ascendant « à la chinoise » vous ajoutez 8 h (fuseau horaire de Pékin) à l'heure obtenue : dans notre exemple, 0 h + 8 h = 8 h.

Si vous préférez le calculer « à l'occidentale », vous n'avez aucune correction supplémentaire à faire.

Pour connaître votre compagnon de route ou ascendant chinois, vous vous reportez au tableau suivant, qui indique les correspondances entre les heures et les signes, chacun des signes couvrant deux heures :

Si **vous êtes né** entre	23 h et 1 h	votre **compagnon** est	Rat
	1 h et 3 h		Buffle
	3 h et 5 h		Tigre
	5 h et 7 h		Chat
	7 h et 9 h		Dragon
	9 h et 11 h		Serpent
	11 h et 13 h		Cheval
	13 h et 15 h		Chèvre
	15 h et 17 h		Singe
	17 h et 19 h		Coq
	19 h et 21 h		Chien
	21 h et 23 h		Sanglier

En s'en référant encore une fois à notre exemple, cela donne un ascendant chinois Dragon, et si on le calcule en heure française, Rat.

LE BUFFLE ET SON COMPAGNON DE ROUTE

LE BUFFLE/RAT

Voici une exemple merveilleux du pseudo ange-gardien que représente le Compagnon. L'agressif Rat se retrouve tempéré par la force tranquille du Buffle. Le Rat creuse en profondeur, le Buffle en surface. Tous deux créateurs, ce sera parfois à coups de cornes que le Buffle fera sortir le Rat de ses souterrains, le bousculant dans ses retranchements qui tournent parfois à un laissez-faire. Amoureux de la liberté, il ne s'engagera guère sur des voies de garage. L'un symbolise l'agitation perpétuelle, l'autre la lenteur, l'un rêve de terres vierges, l'autre, d'univers impénétrables. Le Buffle/Rat sera réaliste, prudent et saura organiser ses conquêtes.

LE BUFFLE/BUFFLE

Souvent un solitaire, un maniaque de l'isolement et de la retraite, c'est tout juste s'il arrivera à se supporter lui-même... Amoureux de la liberté, toujours à la recherche de terres nouvelles, de terres vierges, ce Buffle/Buffle sera farouchement individualiste et original. Il déconcertera souvent son entourage qu'il ne cherchera ni à comprendre ni à ménager. Une telle intransigeance risque de tourner à l'égoïsme. Le Buffle/Buffle est de la race des conquérants : rien ne peut l'attacher, ni le contraindre.

LE BUFFLE/TIGRE

Né sous un tel alliage, vous ne risquerez guère de vous égarer ou de vous endormir. Conquérant des terres vierges et seigneur de la jungle, il sera bien difficile de suivre vos empreintes, car vous êtes d'une indépendance farouche. La séduction sera votre art majeur. Imaginez un chasseur doublé d'un contemplatif, alliant l'intelligence à la souplesse musculaire... Hélas, la modestie et la tendresse ne risquent guère d'être votre fort... Mais, Tigre royal ou pas, n'êtes-vous point le symbole de la tempérance ? Avec la ténacité et l'équilibre du Buffle millénaire, vous portez en vous un potentiel de puissance souveraine et irréductible.

LE BUFFLE/CHAT

Un conquérant casanier ! La route sera difficile, le Buffle/Chat oscillera entre colère et mutisme, hésitera entre prendre la clef des champs, ou bien se retirer dans la contemplation. Si la composante du Chat peut être parfois pour le Buffle une sorte de boulet, elle sera pourtant quelquefois bien utile, sachant dans certaines situations, inspirer la prudence, apaiser les colères, dénouer les crispations, assouplir un entêtement où le Buffle s'empêtre et s'étouffe lui-même. Ce dernier par ailleurs apprendra à son compagnon que l'espace et la liberté ne se mesurent pas à la surface de son panier. Qui l'emportera, de la prudence ou de l'intransigeance ? Attention, Buffle/Chat, vous risquez de faire le tour du monde sans quitter votre chambre...

LE BUFFLE/DRAGON

Ou le cadeau empoisonné. En effet un Dragon est toujours synonyme de chance. Mais hélas, il y a une contrepartie, surtout pour un Buffle solitaire et indépendant. Le Dragon est fort intelligent, mais un peu envahissant — par ailleurs il ne tient pas en place et cherchera à vous entraîner dans des espaces et dans des dimensions peu conformes à vos aspirations de Buffle. Il a de grandes colères, vous lui opposez le mutisme, il rêve de liberté, mais pas la même que la vôtre, c'est un provocateur qui aura tendance à vous agacer, à vous « piquer »... Buffle/Dragon, vous devrez donc assumer ces deux pôles puissants, ces deux forces si dissemblables qui vous habitent, et dont la double pression risque de vous perturber. Une action particulièrement dynamique — militaire, sportive, ou polémique — peut vous permettre d'harmoniser ces énergies contradictoires.

LE BUFFLE/SERPENT

Sera souvent désorienté par l'agressivité de son compagnon Serpent qui peut créer en lui un pôle de violence enfouie, souterraine. Le Buffle paisible, le regard fixé sur la ligne bleu de l'horizon, ne comprendra pas les entrées en scène du reptile, ses attaques, ses cachettes, sa démarche sinueuse. Il sera souvent tenté de l'écraser sous son sabot, d'où de douloureux conflits internes. Le Buffle lent sera par ailleurs stimulé par l'ophidien mystérieux, l'entraînant dans des terrains marécageux, lui enseignant l'attente sous la pierre. Si ce compagnon Serpent déconcerte, il enseignera certainement au Buffle qu'il y a des routes qu'il faut parfois savoir contourner.

LE BUFFLE/CHEVAL

Ou l'alternance de la fougue et de la lenteur. Ces deux compagnons n'auront pas la même vision de la route. Le Buffle, sûr de lui, et mesuré, aime prendre son temps, sa marche est lente, et il supporte mal ce feu qui l'aiguillonne. L'un rêve d'honneur et de terres ensoleillées, l'autre de sillons bien tracés. Le Buffle consciencieux, épris de solitude, grince des dents devant le côté brouillon et instinctif du Cheval, son amour de la foule et du spectacle. Ce compagnon Cheval réchauffera-t-il par son « feu » le corps et l'âme de ce Buffle parfois trop « enfoncé » dans sa terre ? S'il procède à une bonne répartition des efforts et des tâches, le Buffle/Cheval aura d'incontestables atouts : au caractère sérieux, à la persévérance acharnée du Buffle dans le travail s'ajouteront la passion et la créativité du Cheval. Et sur le plan affectif, la fougue et l'ardeur du Cheval feront fondre la carapace du Buffle...

LE BUFFLE/CHÈVRE

Une petite note de fantaisie sur la route de notre Buffle. La Chèvre légère et insouciante sera un excellent Compagnon. On peut compter sur elle pour lui faire tomber les œillères du Buffle. Avec elle, ses profonds sillons s'orneront de sentiers épineux, de fleurs sauvages et de bouquets de ronces. Tout en conservant une certaine gravité, le Buffle/Chèvre sera capable de cabrioles inattendues. La route sera donc passionnante, à condition de savoir mettre au point le bon dosage de sérieux et de fantaisie.

LE BUFFLE/SINGE

Vous ne résisterez pas longtemps à son charme, son envoûtement, son envahissement.
Un bon conseil : si vous voulez avoir la paix, laissez-lui l'illusion qu'il est le plus fort. Mais toutefois soyez attentif et sensible, cet animal chevaleresque est d'une souplesse remarquable : physiquement et mentalement, c'est un acrobate de première, doué d'une puissance peu commune. Seulement attention, le Singe est quelquefois un illusionniste capable de changer toute la puissance du Buffle en confettis et en mirages...

LE BUFFLE/COQ

Mettra de l'eau dans son vin, ou plus exactement un peu de générosité dans son égoïsme. Le Coq a en effet le sens du partage et de l'amitié ; bien sûr, il est un peu fanfaron, mais son ardeur et son brio lui font pardonner ses rodomontades. Le

Buffle y gagnera en couleur et en panache. Dans cet alliage, le chant matinal du Coq gardera le Buffle d'une certaine torpeur et pesanteur. L'idéal serait d'avoir l'acuité du Coq en surface, et la solidité du Buffle en profondeur.

LE BUFFLE/CHIEN

Voilà un amalgame un peu spécial car le pessimisme du chien, ajouté à la lenteur et à l'austérité du buffle risque de déboucher sur une gravité exceptionnelle et quelque peu rébarbative. le chien est le gardien de l'au-delà, le Buffle du labyrinthe ; le Buffle/Chien serait donc une sorte de Cerbère-Minotaure un tantinet inquiétant. En fait, le Chien peut donner au Buffle des qualités de recul et d'introspection qui lui font souvent défaut. Le Buffle pour sa part atténuera les doutes, les angoisses existentielles et les torturantes questions du Chien. Le Buffle/Chien y gagnera donc en espérance et en lucidité. Il se connaîtra lui-même un peu mieux, ce qui est le commencement de la vraie sagesse.

LE BUFFLE/SANGLIER

Tous deux sont des solitaires, quelquefois un peu égoïstes, l'un symbole de la fertilité, l'autre de l'abondance. Le voyage aura toutes les chances d'être matériellement confortable, mais il ne sera pas sans complications. Si le Buffle l'emporte, au niveau des apparences et du comportement habituel, vous aurez, sous des dehors sévères et intraitables, vos coins secrets, vos plages intimes de jouissances, de luxe et de laisser-aller — week-ends très discrets, clubs très spéciaux, cercles restreints. Dans le cas inverse, vous aurez, sous une façade d'esthète bon-vivant et libertin, une solidité à toute épreuve, et un acharnement souvent insoupçonné qui vous rendront d'autant plus redoutable, notamment en affaires. On croira pouvoir vous amadouer avec des parties fines : vous serez tout sourire, et resterez intérieurement de glace.

3e partie :

LE BUFFLE ET LES CINQ ÉLÉMENTS

數年小差復欲遊觀嚴駕出北城門、天復化作沙門、法服持鉢

爲道也、捨家妻子、捐棄愛欲、斷絶六情、守戒無爲得一心者、則

VOTRE ÉLÉMENT

L'astrologie chinoise comporte cinq éléments qui se rattachent aux années, aux heures de naissance et aux signes animaux. Ces éléments sont les suivants : l'Eau, le Bois, le Feu, la Terre, le Métal. Leur ordre de succession est en fait un ordre de production : l'Eau engendre le Bois, le Bois engendre le Feu, le Feu engendre la Terre, la Terre engendre le Métal, le Métal engendre l'Eau, etc.

Ces cinq éléments sont des forces essentielles agissant sur l'univers et sont partie intégrante de tout horoscope chinois.

Tout d'abord, il y a des éléments « fixes » qui sont reliés à chaque signe et à chaque heure chinoise, et ne changent pas :

Heures	Signe	Élément	Heures	Signe	Élément
23 h/1 h	Rat	Eau	11 h/13 h	Cheval	Feu
1 h/3 h	Buffle	Eau	13 h/15 h	Chèvre	Feu
3 h/5 h	Tigre	Bois	15 h/17 h	Singe	Métal
5 h/7 h	Chat	Bois	17 h/19 h	Coq	Métal
7 h/9 h	Dragon	Bois	19 h/21 h	Chien	Métal
9 h/11 h	Serpent	Feu	21 h/23 h	Sanglier	Eau

Chacun de ces cinq Éléments a une signification propre qui va venir colorer différemment votre signe animal.

L'**Eau** est synonyme de froideur et d'intériorité plus que de fertilité : c'est une eau dormante, et sa surface protège tous les mystères.

Le **Bois** est synonyme de douceur, d'équilibre et d'harmonie, de créativité et d'imagination.

Le **Feu** est synonyme de chaleur, de passion, de vitalité et d'enthousiasme. Il brûle, éclaire et transforme, dans tous les sens du terme. Mais il peut être Feu intérieur ou extérieur...

La **Terre** est synonyme de matérialité, de solidité, de sécurité et de fertilité.

Le **Métal** est synonyme de coupure : c'est la volonté qui tranche, la rigueur, la lucidité.

ASTROLOGIE CHINOISE OU VIETNAMIENNE

La différence existant sur le plan astrologique entre tradition chinoise et tradition vietnamienne conduit à certaines contradictions, en particulier sur le plan de la détermination des éléments et des calendriers.

Nous indiquons dans ces ouvrages la théorie de « l'élément constitutif » où celui-ci change tous les deux ans.

En ce qui concerne les calendriers, les dates limites des signes sont celles du début et de la fin de l'année lunaire. Mais nous signalons aux lecteurs que selon la tradition chinoise, le calendrier astrologique est un calendrier solaire différent du calendrier lunaire, et que le début de chaque année astrologique se situe systématiquement le 4 ou le 5 février de celle-ci, au moment du printemps chinois.

Certains d'entre vous se trouveront donc « changer de signe » suivant qu'ils choisiront de respecter l'un ou l'autre de ces calendriers. A eux de juger lequel leur convient le mieux...

Enfin, il y a l'« Élément de destinée » ou « Élément constitutif » qui change suivant les années de naissance. Chaque élément couvre deux années et revient donc tous les dix ans ; tous les 60 ans se reproduit la même combinaison Signe + Élément, dont le meilleur exemple est la fameuse année « du cheval de Feu » : 1906, 1966, 2016, etc.

Connaître l'Élément de votre année de naissance est simple, il suffit de vous reporter au calendrier suivant :

CALENDRIER

Agent	*Calendrier*	*Année du / de la*
MÉTAL	31-1-1900 au 18-2-1901	RAT
MÉTAL	19-2-1901 au 7-2-1902	BUFFLE
EAU	8-2-1902 au 28-1-1903	TIGRE
EAU	29-1-1903 au 15-2-1904	CHAT
BOIS	16-2-1904 au 3-2-1905	DRAGON
BOIS	4-2-1905 au 24-1-1906	SERPENT
FEU	25-1-1906 au 13-2-1907	CHEVAL
FEU	13-2-1907 au 1-2-1908	CHÈVRE
TERRE	2-2-1908 au 21-1-1909	SINGE
TERRE	22-1-1909 au 9-2-1910	COQ
MÉTAL	10-2-1910 au 29-1-1911	CHIEN
MÉTAL	30-1-1911 au 17-2-1912	SANGLIER
EAU	18-2-1912 au 5-2-1913	RAT
EAU	6-2-1913 au 25-1-1914	BUFFLE
BOIS	26-1-1914 au 13-2-1915	TIGRE
BOIS	14-2-1915 au 2-2-1916	CHAT
FEU	3-2-1916 au 22-1-1917	DRAGON
FEU	23-1-1917 au 10-2-1918	SERPENT
TERRE	11-2-1918 au 31-1-1919	CHEVAL
TERRE	1-2-1919 au 19-2-1920	CHÈVRE
MÉTAL	20-2-1920 au 7-2-1921	SINGE
MÉTAL	8-2-1921 au 27-1-1922	COQ
EAU	28-1-1922 au 15-2-1923	CHIEN
EAU	16-2-1923 au 4-2-1924	SANGLIER
BOIS	5-2-1924 au 24-1-1925	RAT
BOIS	25-1-1925 au 12-2-1926	BUFFLE
FEU	13-2-1926 au 1-2-1927	TIGRE
FEU	2-2-1927 au 22-1-1928	CHAT
TERRE	23-1-1928 au 9-2-1929	DRAGON
TERRE	10-2-1929 au 29-1-1930	SERPENT
MÉTAL	30-1-1930 au 16-2-1931	CHEVAL
MÉTAL	17-2-1931 au 5-2-1932	CHÈVRE
EAU	6-2-1932 au 25-1-1933	SINGE
EAU	26-1-1933 au 13-2-1934	COQ
BOIS	14-2-1934 au 3-2-1935	CHIEN
BOIS	4-2-1935 au 23-1-1936	SANGLIER
FEU	24-1-1936 au 10-2-1937	RAT
FEU	11-2-1937 au 30-1-1938	BUFFLE
TERRE	31-1-1938 au 18-2-1939	TIGRE
TERRE	19-2-1939 au 7-2-1940	CHAT
MÉTAL	8-2-1940 au 26-1-1941	DRAGON
MÉTAL	27-1-1941 au 14-2-1942	SERPENT

Agent	*Calendrier*	*Année du / de la*
EAU	15-2-1942 au 4-2-1943	CHEVAL
EAU	5-2-1943 au 24-1-1944	CHÈVRE
BOIS	25-1-1944 au 12-2-1945	SINGE
BOIS	13-2-1945 au 1-2-1946	COQ
FEU	2-2-1946 au 21-1-1947	CHIEN
FEU	22-1-1947 au 9-2-1948	SANGLIER
TERRE	10-2-1948 au 28-1-1949	RAT
TERRE	29-1-1949 au 16-2-1950	BUFFLE
MÉTAL	17-2-1950 au 5-2-1951	TIGRE
MÉTAL	6-2-1951 au 26-1-1952	CHAT
EAU	27-1-1952 au 13-2-1953	DRAGON
EAU	14-2-1953 au 2-2-1954	SERPENT
BOIS	3-2-1954 au 23-1-1955	CHEVAL
BOIS	24-1-1955 au 11-2-1956	CHÈVRE
FEU	12-2-1956 au 30-1-1957	SINGE
FEU	31-1-1957 au 15-2-1958	COQ
TERRE	16-2-1958 au 7-2-1959	CHIEN
TERRE	8-2-1959 au 27-1-1960	SANGLIER
MÉTAL	28-1-1960 au 14-2-1961	RAT
MÉTAL	15-2-1961 au 4-2-1962	BUFFLE
EAU	5-2-1962 au 24-1-1963	TIGRE
EAU	25-1-1963 au 12-2-1964	CHAT
BOIS	13-2-1964 au 1-2-1965	DRAGON
BOIS	2-2-1965 au 20-1-1966	SERPENT
FEU	21-1-1966 au 8-2-1967	CHEVAL
FEU	9-2-1967 au 28-1-1968	CHÈVRE
TERRE	29-1-1968 au 16-2-1969	SINGE
TERRE	17-2-1969 au 5-2-1970	COQ
MÉTAL	6-2-1970 au 26-1-1971	CHIEN
MÉTAL	27-1-1971 au 14-2-1972	SANGLIER
EAU	15-2-1972 au 2-2-1973	RAT
EAU	3-2-1973 au 22-1-1974	BUFFLE
BOIS	23-1-1974 au 10-2-1975	TIGRE
BOIS	11-2-1975 au 30-1-1976	CHAT
FEU	31-1-1976 au 17-2-1977	DRAGON
FEU	18-2-1977 au 6-2-1978	SERPENT
TERRE	7-2-1978 au 27-1-1979	CHEVAL
TERRE	28-1-1979 au 15-2-1980	CHÈVRE
MÉTAL	16-2-1980 au 4-2-1981	SINGE
MÉTAL	5-2-1981 au 24-1-1982	COQ
EAU	25-1-1982 au 12-2-1983	CHIEN
EAU	13-2-1983 au 1-2-1984	SANGLIER
BOIS	20-1-1984 au 8-2-1985	RAT
BOIS	9-2-1985 au 28-1-1986	BUFFLE
FEU	21-1-1986 au 16-2-1987	TIGRE
FEU	17-2-1987 au 5-2-1988	CHAT
TERRE	6-2-1988 au 26-1-1989	DRAGON

LE BUFFLE/FEU

Au Sud, dans le ciel, naquit la chaleur, elle descendit sur terre et la féconda. De leur union naquit le Feu.

La tendance Buffle/Feu

Feu du midi, du Sud, de l'été, Feu Yang, Feu qui anime, qui ranime et transforme. Pour le Buffle, il sera flamme éclairant son besoin d'harmonie et de beau. Il sera l'étincelle créatrice, peut-être mystique, pour ce contemplatif ; mais il pourra aussi le dévorer, l'aveugler. Si le Feu est lumière ou joie, il est aussi parfois destruction.

La santé Buffle/Feu

L'organe Feu est le cœur, son goût est l'amer. Le Buffle devra être prudent, c'est un lent – et le Feu est rapide. Il devra veiller à ne pas brûler ses énergies inutilement. Relâchez les tensions, respectez votre rythme. Par ailleurs, le Buffle est un jouisseur, attention : les excès vers la quarantaine sont souvent synonymes de crise cardiaque, des bonnes choses, oui, mais à petites doses...

Le Buffle/Feu et les autres

Attiré par la politique, tout en restant farouchement individualiste, l'agressivité du Feu viendra attiser sa lenteur, lui apportant ardeur au combat et sens du jeu. Toutefois il devra se méfier de ne pas trop se laisser prendre au « jeu ». On pense quelquefois tirer les ficelles, alors que d'autres, dans l'ombre agitent les marionnettes. Votre peur de l'échec, s'additionnant à l'aspect destructeur du Feu, peut être très dangereuse pour votre sacro-sainte liberté.

Le physique Buffle/Feu

Le type Feu a le teint coloré, tirant sur le rouge, un visage large dans le bas, un nez busqué, des oreilles aux lobes détachés. Ce n'est pas le portrait-robot du play boy, mais votre savoir-vivre, votre élégance et votre esprit feront le reste. Par ailleurs, votre tenacité viendra à bout de toutes les résistances...

Buffle/Feu : un ardent travailleur

Des conseils pour un Buffle/Feu

Vous n'êtes pas un animal ordinaire, d'ailleurs vous en êtes pleinement conscient, vous êtes un conquérant... Alors ne « grillez » pas vos atouts.

Une année Buffle/Feu

Le point culminant pour une année Buffle/Feu sera la saison d'été. Période de création, d'ascension matérielle et spirituelle, année active, vous allez y vivre à 200 à l'heure. Faites attention de ne pas vous essouffler, ralentissez au besoin, et ne vous laissez pas envahir.

Une année excellente, productive, fertile en tous sens et tous domaines, une année riche. Toutefois prenez garde à une hyper-tension bien proche de la dépression. Le Feu réchauffe, anime, mais consume... Une seule étincelle peut incendier toute une province.

Exemple historique d'une année Buffle/Feu :

1337

La Guerre de Cent Ans : ce fléau qui va ravager la France pendant plus d'un siècle, et dont les répercussions se font encore sentir de nos jours, a pour origine une simple querelle familiale et dynastique. Le roi d'Angleterre, Édouard III, est, par sa mère Isabelle, le petit-fils du défunt roi de France Philippe le Bel. Comme tel, il se proclame l'héritier légitime du trône de France qu'occupe alors Philippe VI de Valois, neveu du même Philippe le Bel.

Le litige tient essentiellement à cette loi salique en vigueur dans le code monarchique français, et qui exclut les femmes de la succession au trône, alors que la loi anglaise ne comporte aucun article de ce genre. Étant d'une lignée plus directe que son cousin Philippe, Édouard III s'arroge donc solennellement le titre de roi de France.

Le 1er novembre 1337, l'évêque de Lincoln, Henry de Burghest, trésorier d'Angleterre, accompagné des ducs de Salisbury, de Northam et de Suffolk, remettent à Philippe VI, en son hôtel de Nesles, à Paris, des lettres de défi de son cousin, dont les armes, depuis le 7 octobre, s'écartelèrent de fleurs de lys...

C'est incontestablement l'événement du siècle. Et si Philippe accueille cette démarche avec une ironie un peu méprisante, son dédain va bientôt se muer en désespoir, car la France ira de désastre en désastre : destruction de la flotte à la bataille de l'Écluse, chute de Calais, déroute de la chevalerie française à Crécy et Azincourt...

LE BUFFLE/MÉTAL

Venant d'ouest, dans le ciel, la sécheresse effleura la peau de la Terre et engendra le Métal. Vents venus des steppes lointaines à la recherche de la sève vitale.

Tendance Buffle/Métal

Métal des soirs d'automne et du froid, Métal clair et pur, ferme et tranchant, votre tendance est la rigidité, l'austérité peut-être. Vous possédez un sens très développé des réalisations, vous serez un organisateur, un meneur incisif, implacable. Il vous faut du concret, du palpable, au diable la sensiblerie et les bons sentiments, l'important est le but... Un tantinet moraliste, vous êtes attiré par le mysticisme, l'ascètisme... Choisirez-vous l'isolement, renierez-vous la société ? Ce corps si fortement attaché à la terre vous semble lourd ? bref, attention, vous risquez d'être un peu austère et rabat-joie...

La santé Buffle/Métal

L'organe Métal est le poumon, son goût est l'âcre. Le Buffle/Métal aura besoin d'oxygène, dans tous les sens du terme. Il devra respirer à fond, se dégager, se « libérer » ; moins de raideur mentale et physique lui éviterait des blocages de toutes sortes. Tête froide, cœur froid, détendez-vous, car vous risqueriez un jour d'oublier de respirer.

Le physique Buffle/Métal

Un teint clair, un œil vif, d'apparence générale plus qu'agréable, le Buffle/Métal aura souvent le visage carré, une bouche et une mâchoire harmonieuses, des mains petites... Vous êtes une belle « bête », alors mettez-y un peu d'humour et de cœur. Le bonheur c'est un peu comme les voyages : il n'est pas nécessaire d'aller chercher très loin ce qui existe à portée de la main.

Le Buffle/Métal et les autres

Vous êtes plein d'énergie, constant, et de parole, un peu tranchant, un peu sec, le portrait-robot de la droiture et de la rectitude. Vous feriez un excellent homme de loi, juriste, avocat, percepteur. Vous aimez juger, sanctionner, ordonner. Avec vous, pas d'arrangements à l'amiable, de dessous de table ou de pots de vin... on ne vous achète pas ! Pourtant, une petite note de fantaisie vous serait fort utile : par trop de rigueur, vous risquez de tomber dans la tristesse et la morosité.

Des conseils pour un Buffle/Métal

Ne vous prenez pas trop au sérieux, partez à la campagne, faites pousser des fleurs, au lieu de vous construire un piédestal : soyez n.a.t.u.r.e.l. !

Une année Buffle/Métal

Le point culminant pour une année Buffle/Métal sera la saison d'automne. Le Buffle de l'hiver quittera le nord pour l'ouest, sa tendance Yin sera renforcée par le Yin de l'automne, ce qui risque d'entraîner une perte d'énergie, une diminution sensible du dynamisme.

Tendance de l'année...

Durcissement et sécheresse, au physique, comme au moral, prenez garde de ne pas vous imposer des « règles » de vie qui ne vous correspondent pas et qui vous mèneraient plus à la dépression qu'à une pseudo-victoire... sinon contre vous-même. On croit gagner, mais on perd plus, par son triomphe, que dans une vraie défaite. Plus tard, on se demandera qui fut le véritable vainqueur.

Exemple d'une année historique Buffle/Métal

1661

Cette année marque le tournant d'un siècle et d'une civilisation. Mazarin vient de mourir, en laissant un gouvernement faible et impopulaire, des finances ruinées, un pays appauvri où couvent toutes les discordes : querelles religieuses, rivalités des grands, fronde à peine éteinte.

Louis XIV est dans sa vingt-troisième année. On le dit léger, superficiel, distrait, influençable, ivre de fêtes coûteuses et de plaisirs factices, essentiellement préoccupé de badinage et de libertinage, incapable d'appliquer son esprit volage au sérieux des affaires publiques et à la gravité des problèmes économiques.

A la Cour, chacun s'interroge : qui sera premier ministre ? Qui assumera la succession de Mazarin, de Richelieu et de Sully ? Quelques noms circulent : Colbert, Le Tellier, Fouquet.

Mais bientôt éclate une nouvelle inouïe, qui sème la stupeur et l'incrédulité : le jeune roi a décidé de prendre lui-même le pouvoir. « Désormais, déclare-t-il à ses ministres et à ses fonctionnaires, vous ne recevrez d'ordres que de moi ? Et j'entends bien que tout passe par moi ! »

C'est une véritable révolution – celle de l'absolutisme royal. L'ère des premiers ministres et des favoris semble révolue. L'autocratie de droit divin commence. Et comme le souverain ne tolère aucune fortune supérieure à la sienne, aucun rayonnement qui le dépasse, il fait arrêter le surintendant Fouquet, coupable d'avoir monopolisé les plus brillants talents du royaume – Le Nôtre, Molière, Lulli, La Fontaine, entre autres.

Désormais, le bon plaisir du roi sera la première loi du royaume.

LE BUFFLE/EAU

Au Nord, dans le ciel, naquit le froid. Descendant sur la Terre il engendra l'Eau. L'Eau, pour la Chine, est plus synonyme de froideur et de glace que source de fertilité.

La tendance Buffle/Eau

Eau des nuits d'hivers, froideur, rigueur, sévérité, Eau calme et profonde engendrant crainte et respect. Eau dormante, abritant des démons sous-marins qui sommeillent... Eau fétide des marais, eau boueuse, refuge des rampants ; l'Eau peut-être la marque d'un arrêt total. Ou bien elle est limpide et tonifiante pour un Buffle à la recherche de la paix, de la beauté et de l'harmonie. De tendance Yin, et issue du Nord, comme l'animal, elle peut devenir muraille, masque placide, fermé. Alors le Buffle sera réservé, distant, mystérieux...

La santé Buffle/Eau

L'organe Eau est le rein, son goût est le salé. Comme avec le Métal, le Buffle aura des problèmes de circulation, circulation du liquide et non du souffle, mais risques semblables de blocages en général. Tout dépendra de la « réalisation » du Buffle. Évitez soigneusement les occlusions émotionnelles, et les embouteillages psychologiques.

Le physique Buffle/Eau

Il a une nature ronde et replète avec des lèvres épaisses, mais une peau merveilleusement douce et souple, une chevelure brillante, un teint foncé, des mains potelées. Plus facile à porter pour la gent féminine. De toute manière, bon physique ou non, mettez-y de la passion et une pointe d'audace...

Le Buffle/Eau et les autres

Allez de l'avant, ne soyez pas timoré, timide et craintif. Vous savez écouter, vous êtes un calme, un homme posé ; vous avez également l'art de gouverner les masses, évitant les débordements. Le Buffle/Eau est aussi humaniste, il a horreur des histoires, c'est un prudent, bon commerçant, bon artisan, un actif partisan de la paix. A Dieu, vous préfèrez l'homme et ses enfants, un peu papa-gateau, ou mère-poule veillant sur sa progéniture.

Des conseils pour le Buffle/Eau

La vie de famille vous semble tout indiquée. Construisez une maison au milieu d'une prairie bien verte, baignée par une rivière, et faites des enfants. Mais si vous voulez absolument cesser de patauger dans votre rizière, alors créez une entreprise, engagez-vous dans un parti, un syndicat, fondez une nouvelle religion, n'hésitez pas à monter sur une tribune, vous avez tout pour déchaîner les ovations.

Une année Buffle/Eau

Le point culminant pour une année Buffle/Eau sera la saison d'hiver, période de gestation. Le Yin renforce le Yin, et le Buffle du nord demeure au nord, lié à l'Eau. Vous n'avancez guère, profitez de cette période de stagnation pour faire un bilan, et repartir avec plus de confiance et d'audace. Cette attente ne doit pas être une résignation, ne laissez pas les choses « moisir » mais rechargez vos « batteries ».

Tendance de l'année...

Plus favorable pour les dames Buffles, bonne pour les créateurs, les artistes. Changements en prévision, mais réfléchissez plutôt deux fois qu'une avant de vous engager... tête baissée.

Exemple historique d'une année Buffle/Eau

1793

Après l'exécution de Louis XVI, le 21 janvier, la France révolutionnaire se retrouve seule contre la formidable coalition des rois et des princes. De l'Angleterre à la Russie, de l'Espagne à la Suède, en passant par la Prusse et l'Autriche, tous se mobilisent pour écraser *« l'hydre »*, vouée non seulement à l'exécration des hommes, mais aussi à celle de Dieu, car l'Eglise catholique déchaîne une véritable croisade contre cette Convention impie et sacrilège qui a confisqué les biens du clergé.

Dans un sursaut de ferveur patriotique et républicaine, des armées de volontaires et de va-nu-pied parviennent à contenir l'invasion qui, de toutes parts, risque de submerger le territoire national. Les vieilles monarchies commencent un peu partout à trembler.

Mais à l'intérieur, alors que le pays tout entier doit se soumettre à la dictature de guerre imposée par le Comité de Salut Public, les factions se déchirent. Les Montagnards, que mènent Robespierre, Danton et St Just, éliminent les Girondins modérés, puis les gauchistes enragés de Hébert. La guillotine fonctionne sans interruption.

Tant de violences exaspèrent les provinces qui s'insurgent : Marseille, Toulon, Bordeaux, Lyon, Nantes sont en pleine rebellion. En Vendée, les Chouans s'organisent et pratiquent une guérilla impitoyable. Tous ces mouvements appelleront d'atroces répressions. Les prisons ne désemplissent pas. On arrête, on massacre, on extermine. Dans les deux camps, la clémence passe pour un pêché capital. Au nom de la liberté et de l'égalité, on commet les pires excès. Robespierre, l'âme du gouvernement, est surnommé l'Incorruptible : c'est la Terreur de la Vertu.

LE BUFFLE/BOIS

A l'Est, dans le ciel, souffla le vent : de sa tiède caresse à la terre naquit le Bois.

La tendance Buffle/Bois

Bois du matin, Bois du printemps. De nature tempérée, il tend vers l'harmonie qui est sa vertu principale, d'où son amour de la beauté et de l'élégance. Le Buffle/Bois aura tendance à être plus passionné que l'animal en lui-même, porté vers la colère, ce qui peut être un danger, un besoin de se perdre, se traduisant par une auto-destruction. Il risque également d'être fort susceptible, mais cela n'entamera pas son attitude digne. Sa volonté fera pencher la bascule et le ramènera toujours à l'équilibre. Son besoin d'harmonie l'emportera.

La santé Buffle/Bois

L'organe Bois est le foie. Son goût est l'acide. Méfiez-vous des crises de colères, de la nervosité, des attitudes trop raides... Elles ne manqueraient pas de se retourner contre vous, dans une véritable auto-destruction...

Le Buffle/Bois et les autres

Sera souvent un détendu, un décontracté dans la vie. Il sera créatif, imaginatif, préfèrera de loin sa liberté à une carrière brillante. Il recherchera plus une qualité de vie qu'une réussite. Un peu poète, artiste à ses heures, avec le sens de la terre et du travail bien fait, le Buffle/Bois est consciencieux, mais plus à l'écoute de la nature qu'à l'écoute de l'homme.

Des conseils pour un Buffle/Bois

Vous avez un charme irrésistible, l'âme d'un poète, vous êtes le symbole de l'homme libre. Assumez-vous, n'hésitez pas à innover, à transformer. Vous avez des idées plein la tête... Et les pieds sur terre !

Le physique Buffle/Bois

Pour un Buffle, vous êtes du genre élancé, fin et droit. Vous avez des yeux qui fascinent, un teint mat, le poil abondant et lustré, une peau satinée et des lèvres rouges... Si par inadvertance vous ne possédiez point ces charmants atouts, qu'importe, vous êtes poète ! Alors, croyez-y, et l'on vous croira : n'êtes-vous pas innovateur, transformateur ?

Une année Buffle/Bois

Le point culminant pour une année Buffle/Bois sera la saison du printemps, période d'accroissement et de prospérité. Le Buffle sortira de l'hiver, quittant le nord, pour se rendre à l'est. Son aspect Yin tendra vers le dynamisme du Yang. Le Printemps pour un Buffle est synonyme de naissance, de vie, de travail, n'hésitez pas à vous donner à fond pendant cette période. Très favorable pour la création, mais agissez en souplesse, soyez ouvert, à l'écoute, appliquez de nouvelles techniques, de nouvelles méthodes ; c'est une année de renouveau, ouvrez l'œil, tendez l'oreille, vous avez la chance avec vous.

Tendance de l'année...

Soyez souple et diplomate, profitez de vos chances, mais ne sombrez pas dans l'égoïsme : un bonheur partagé, joie toute l'année... Un élan contrarié, c'est un monde qui s'écroule.

Exemple historique d'une année Buffle/Bois

1805

En octobre 1805, l'éternelle coalition des vieilles monarchies européennes menace à nouveau les frontières de la France. Napoléon, que le pape a sacré Empereur moins d'un an auparavant, décide de surprendre ses ennemis par une attaque foudroyante. La vitesse et la souplesse de ses opérations doivent suppléer à son infériorité numérique.

Le généralissime Autrichien, Mack, s'est concentré autour d'Ulm, en Bavière, avec la première grande armée alliée. En dix jours, Napoléon encercle cette masse de 80 000 hommes, et l'oblige à s'enfermer dans Ulm, presque sans combattre, puis à capituler. « L'Empereur, disent les grognards, a inventé une nouvelle manière de faire la guerre : il ne se bat plus avec nos fusils, mais avec nos jambes ! »

La course folle reprend aussitôt, vers l'est. Vienne est prise, le 13 novembre. Mais il reste une armée austro-russe considérable, et la Prusse est sur le point de déclarer la guerre à la France. Avec des troupes fatiguées, affaiblies, Napoléon semble terriblement aventuré, dangereusement éloigné de ses bases. Au moindre fléchissement, l'Europe entière se jettera sur lui. Une victoire décisive, éclatante, lui est donc indispensable, d'autant qu'en France même, la situation économique est catastrophique.

Le 1er décembre au soir, l'Empereur visite les bivouacs : il est follement acclamé. En face, les Russes et les Autrichiens sont confiants : n'ont-ils pas une écrasante supériorité numérique, les meilleurs généraux, ainsi que le Tsar et l'Empereur d'Allemagne, venus en personne assister à la défaite du Corse ?

Vingt-quatre heures plus tard, les deux souverains, désespérés, sont en fuite, et leurs armées – ou ce qu'il en reste – en pleine déroute. *«J'avais vu bien des batailles perdues, je n'avais pas idée d'un pareil désastre ! »* dira Langeron, un émigré français au service de l'Autriche.

Quant à Napoléon, il couvre ses soldats de louanges : *« plus tard, il vous suffira de dire : j'étais à Austerlitz, pour qu'on réponde : voilà un brave ! »*

L'Europe semble avoir décidément trouvé son maître.

LE BUFFLE/TERRE

Le zénith humide s'écoula lentement du ciel, afin d'engendrer la terre.

La tendance Terre

Terre chaude et humide des après-midi, Terre lourde et abondante, terre fertile, prairies grasses et verdoyantes, le paradis pour un Buffle, cette Terre sera symbole d'évasion et de contemplation. Hélas elle pourra être lénifiante, envahissante, se collant à vos sabots, ralentissant votre marche. Prairie, devenant rizière, puis marais... Si le Buffle est proche de la Terre, il ne doit pas en être prisonnier, il doit agir sur elle, et non s'y enliser corps et âme...

La santé Buffle/Terre

L'organe Terre est la rate, son goût est le doux. Le Buffle aura tendance à un certain embonpoint. Évitez les aliments trop riches et le sucre.

Le Buffle/Terre et les autres

Sera souvent un matérialiste, agriculteur ou éleveur, restaurateur, directeur d'un super marché – tout ce qui se mange. Le travail ne vous fait pas peur, vous avez la vie devant vous, vous êtes un gagnant. Ou bien alors la Terre ne vous fascinera que par ses vertus d'asile et de retranchement, vous permettant de vous couper du monde des hommes, et de vous enfermer dans la méditation, qui peut être une autre forme d'égoïsme.

Le physique Buffle/Terre

Des traits un peu trop lourds (attention à votre ligne), d'une nature solide, plantureuse, vous avez le teint légèrement jaune, des sourcils épais, un dos arrondi, mais le ventre plat. Vous êtes un lent, un prudent, un méfiant.

Faites du sport, ne « ruminez » pas trop, c'est mauvais pour votre moral et pour votre poids...

Des conseils pour un Buffle/Terre

Partez en voyage, changez-vous les idées, sachez faire abstraction d'un peu de confort, menez une vie saine au grand air. Faites de la peinture, de la musique ou de l'artisanat, bousculez un peu vos habitudes, vous êtes un Buffle, devenez taureau, mais pas bœuf...

Buffle/Terre: une marche lente et irrésistible

Une année Buffle/Terre

Son point culminant est l'été.

Le Buffle/Terre sera dans son élément, on peut le dire. Pour lui, pas de problème matériel, année d'abondance et de fertilité. Le Buffle se sentira encore plus libre, il éprouvera le désir de découvrir d'autres terres... Il devrait toutefois méditer sur l'échange, le don, surveiller son égoïsme et ne pas s'enfermer dans une solitude confortable...

Tendance de l'année...

Propice aux créateurs, productive pour les commerçants et les artisans. Mais ne pas oublier que sur cette Terre, il y a d'autres animaux... Plus le génie est brillant et original, plus il a de chances de s'imposer.

Exemple historique d'une année Buffle/Terre

1949

Pekin et Tsien-Tsin tombent en janvier 1949. Nankin passe aux communistes en avril. Le fleuve Bleu est franchi dans la nuit du 20 au 21 avril. Le 25 mai, les communistes font leur entrée dans Shanghaï, citadelle du capitalisme national et occidental. La débâcle nationaliste ne peut plus être dès lors évitée.

Le 1er octobre 1949, de la terrasse de la Porte de la Paix Céleste (Tien An Men) à Pekin, Mao lira l'acte de naissance de la République populaire de Chine. Chiang et les débris de son armée n'ont plus qu'à se réfugier dans l'île de Formose, où ils poursuivront, pendant des années, le fallacieux espoir d'une reconquête et d'une revanche.
Mao comme une épreuve de volonté. Chiang est pressé d'en finir. Mao construit peu à peu sa victoire. Chiang nomme ses généraux et ses ministres au gré de ses amitiés : beaucoup le trahiront au gré de leurs intérêts. Mao s'entoure de chefs remarquables pour leurs talents. Quant à leur loyalisme, il est soumis à la discipline de fer du parti.

La Chine devient communiste. La lutte aura duré un quart de siècle. Elle oppose non seulement deux idéologies et deux modes de vie, mais aussi et peut-être surtout deux hommes : Chiang Kai-Chek, le chef du gouvernement nationaliste, et Mao Tsé-Toung, le leader du parti communiste. Ils sont tous deux aussi intelligents et rusés. Mais Chiang, en dépit de son prestige et de l'appui inconditionnel des Américains, se laisse trop dominer par ses passions. A l'opposé, Mao a élevé la patience au niveau d'une théorie. Chiang mène la guerre à la façon de ses professeurs japonais et occidentaux : armée contre armée.

LES ASTRES

L'établissement d'un Thème astrologique chinois se base non seulement sur les signes emblématiques et les éléments, mais également sur les Astres. Ainsi, l'astrologue « place » dans le thème un certain nombre d'astres, dont certains sont fictifs, et de constellations. Au total, il y en a 110... Cela explique que nous ne puissions, dans ce livre, en faire le tour mais en voici quand même quelques-uns : Béatitude, Providence, Hercule, Minos, Pégase, Phénix, Castor, Pollux, Dédale, Aphrodite, Prométhée...

S'y ajoutent les planètes du système solaire dont les noms nous sont connus : Mercure, Vénus, Mars, Jupiter, Saturne, chacune des cinq en analogie symbolique avec l'un des cinq éléments (voir : tableau analogique des différents éléments).

TABLEAU ANALOGIQUE DES DIFFÉRENTS ÉLÉMENTS

ÉLÉMENTS	BOIS	FEU	TERRE	MÉTAL	EAU
ANNÉES SE TERMINANT PAR	4 et 5	6 et 7	8 et 9	0 et 1	2 et 3
COULEURS	Vert	Rouge	Jaune	Blanc	Bleu
SAISONS	Printemps	Été	Fin d'été	Automne	Hiver
CLIMATS	Vent	Chaleur	Humide	Sec	Froid
SAVEURS	Acide	Amer	Doux	Piquant	Salé
ORGANE PRINCIPAL	Foie	Cœur	Rate	Poumons	Reins
ORGANE SECONDAIRE	Vésicule	Intestin grêle	Estomac	Gros intestin	Vessie
ALIMENTS	Blé, volailles	Riz, mouton	Maïs, bœuf	Avoine, cheval	Pois, porc
PLANÈTE	Jupiter	Mars	Saturne	Vénus	Mercure

TABLEAU DE L'ENTENTE ENTRE LES ÉLÉMENTS

		Femme Bois	Femme feu	Femme Terre	Femme Métal	Femme Eau
○○○ excellent prospérité	**Homme Bois**	●●	○	○○○	○	○○
○○ bonne harmonisation compréhension	**Homme Feu**	○	○	○○	●	●●
○ nécessitant des efforts	**Homme Terre**	●●	○○	○○	○○○	●
● rivalités et problèmes de domination réciproque	**Homme Métal**	○	●●	●	●●	○○○
●● mésentente et incompréhension	**Homme Eau**	○○	●●	●	○○○	○

4e partie :

LE BUFFLE DES QUATRE SAISONS

應則雖動亦靜也、故曰知

靜、靜時能存則動時得力。

Si vous êtes né au printemps :

BUFFLE / BÉLIER

J'ai connu, il y a bien des années, un Buffle/Bélier, dont le charme viril et l'attitude complètement indifférente vis-à-vis des femmes en fascinaient plus d'une. Lui, ce qui l'intéressait, c'était la terre et ce qu'elle pouvait rapporter, vite de préférence. Il avait un caractère aimable, quoiqu'un peu brusque, parce que pour lui, les discussions, c'était plutôt du temps perdu, sauf quand il s'agissait de rabrouer ses adversaires, sur un stade. Il était toujours couvert de bosses, de plaies... Et de terre. Il est devenu – ô insondable mystère de la destinée humaine ! – banquier et mesure, avec précaution, les prêts et les investissements, avant de rentrer chez lui, perché sur une énorme moto pétaradante.

La plupart des Buffles/Bélier répondent à cette description : matérialistes, très actifs, épris de vitesse et de rapidité sur tous les plans, peu enclins à la nuance, à la fleur bleue et à la romance, ils croient surtout ce qui leur saute aux yeux et ne s'embarrassent pas du reste. Subjectifs, égoïstes, mais francs comme l'or, incapables de la moindre méchanceté, prêts à tout pour défendre leur famille... Mais coléreux, emportés. Si vous vous intéressez à la lévitation ou aux OVNI, évitez les Buffles/Bélier. Mais si vous avez besoin de partager une vie saine et active avec une personne solide et sincère, allez-y ! Les complications de son caractère n'iront jamais juqu'à lui donnner des insomnies.

BUFFLE / TAUREAU

Il ressemble un peu à son prédécesseur, en plus calme, plus paisible et plus entêté. Il est là, au fond d'une prairie verte et charnue, il respire doucement, voluptueusement, le parfum des fleurs en rêvant de récoltes abondantes et de vaches grasses. Il est doué pour faire fructifier, pour amasser, pour conserver, et si c'est bien à la campagne qu'il est le plus heureux, il peut aussi faire un excellent homme d'affaires, à condition de ne pas devoir prendre de décisions

Buffle/Taureau : gourmand

rapides. Car c'est un ruminant, un lent. Si on le presse, si on l'énerve, il s'angoisse, s'affole et finit par se mettre en colère. Et là, garez-vous ! Le Buffle/Taureau en colère, ça tient du bulldozer, du kamikaze et de la fusée traçante. C'est dur à arrêter.

Sentimental, mais aussi éloigné du romantisme que Descartes l'est de Delly, il est fidèle et exclusif, exigeant sur le plan sexuel, sensuel, mais peu porté sur les petites attentions. Pour lui, être là, c'est bien suffisant, non ?

Dans sa vieillesse, on l'imagine, tel le laboureur de La Fontaine, empoisonnant ses enfants avec des conseils pleins de sagesse et de roublardise, et leur faisant retourner, nuit et jour, leurs champs. Le Buffle/Taurau aime tellement la nature qu'il fertiliserait un désert. Il pourrait aussi en faire jaillir du pétrole, tant il est bourré dc sens pratique et d'idées rentables...

BUFFLE/GÉMEAUX

Drôle de mélange. On peut s'attendre à tout ! le signe le plus « lourd » de l'astrologie chinoise mâtiné du signe le plus « léger » de notre zodiaque occidental, il y a de quoi dérouter l'observateur.

Au mieux, ce Buffle-là bénéficiera d'une faculté d'adaptation qui lui fait défaut la plupart du temps. Son esprit, ses réparties seront plus rapides et empreintes d'humour. Il sera moins dogmatique, plus facile à vivre... Mais moins « fiable » : on ne saura jamais, avec lui, lequel répond, du Buffle sage ou du Gémeaux plaisantin. Cela dit, il sera charmant compagnon, sachant parler agréablement de sujets qu'il a étudiés à fond, et sécuriser son partenaire sans l'étouffer. Au masculin comme au féminin, le Gémeaux/Buffle sera plus doué pour la concentration que ses congénères. Cette alliance « équilibrante » se gâte lorsqu'on pense à l'impatience des Gémeaux : alliée au tempérament coléreux du Buffle, elle risque de produire des effets explosifs. Attention à ne pas trop contrarier ce Buffle éruptif qui se réveillera souvent au moment où on s'y attend le moins. Il ne vous sautera sans doute pas à la gorge : ce n'est pas un violent. Mais il éclatera en mille imprécations, parmi lesquelles vous pêcherez, pêle-mêle, tous les reproches qu'il avait envie de vous faire depuis sa première dent de lait.

愛兒圖

Si vous êtes né en été :

BUFFLE / CANCER

Le plus familial des Buffles. Il ne quittera jamais sa rizière, et même en cas de cyclone restera ancré des quatre sabots dans le sol qui l'a vu naître. Pourvu d'une force d'inertie à toute épreuve et d'une persévérance décourageante pour ses adversaires, il ne s'arrêtera pas avant d'avoir atteint son but, même si, de l'extérieur, il donne l'impression d'être complètement passif et immobile.

Ce Buffle pantouflard transpose son besoin de commander dans la sphère familiale. Père autoritaire mais solide comme un roc, mère attentive, bien qu'un peu trop enveloppante, c'est la providence des foyers, la perle rare, la fée qui transforme en petit paradis la plus abandonnée, la plus poussiéreuse des vieilles demeures.

En amour, il est terriblement exclusif, et terriblement fidèle. S'il choisit quelqu'un, c'est pour la vie, et même après ! il a du mal à concevoir que tout le monde ne soit pas comme lui. Mais il n'est pas très démonstratif en société, préférant l'intimité aux conversations de salon. Avec ses proches, sa famille, ses amis, il est compréhensif, toujours particulièrement « présent », et adore les longues confidences nocturnes, à l'abri des édredons. Inutile de préciser que si l'on recherche l'aventure, la variété, si l'on a besoin en permanence de stimulants nouveaux, il est recommandé de ne pas lier son existence à un Buffle-Cancer, qu'il soit homme ou femme. Mais si l'on rêve de sécurité, si l'on a des angoisses à calmer... C'est l'idéal.

BUFFLE / LION

J'ai du mal à imaginer le Buffle/Lion dans un autre rôle que celui de Grand Chef. Il a en effet toutes les qualités et tous les défauts que l'on rencontre habituellement chez ce genre de personnage. Ambitieux, énergique, autoritaire, tenace, réaliste, pourvu d'un esprit de synthèse qui lui permet de dominer aisément les situations, sans se perdre dans les détails – ni en oublier – il est capable d'entraîner, de motiver, de diriger. Et il sait ce qu'il veut. Il est lucide, implacable, vis-à-vis de lui-même comme des autres : l'orgueil léonin est ici atténué par l'objectivité du Buffle. Excellent stratège, combattant attentif aux points faibles de ses adversaires, il n'accepte pas l'idée d'une résistance, d'un obstacle infranchissable. S'il veut vraiment obtenir quelque chose, il utilisera tous les moyens connus, et s'ils ne suffisent pas, il en inventera d'autres.

Merveilleux, dites-vous ? Hélas, il y a un défaut à cette splendide cuirasse. Notre Buffle/Lion ne supporte pas l'échec. S'il « rate » sa cible, il en rendra la terre entière responsable, mais admettra difficilement ses torts. Que ce soit en affaires ou en amour, il aura bien du mal à repartir à zéro, à se renouveler, à tenir compte de conditions nouvelles. Parfois, sur la lancée de son ambition, il ira trop loin. Et la roche tarpéïenne est bien près du Capitole...

BUFFLE/VIERGE

Cette combinaison semble aussi favorable sur le plan mental qu'elle est délicate dans le domaine de l'affectivité. Le Buffle/Vierge est stable, prévoyant, plutôt conservateur (moralement et matériellement). Il a de l'autorité mais n'en demande pas plus aux autres qu'à lui-même, sachant à merveille définir les limites de chaque chose – et de chaque être. Il est raisonnable, prudent, travailleur, et remarquablement bien organisé. Mais il est méfiant, scrupuleux, sceptique. Il craint qu'on essaye de le rouler, de profiter de sa bonne foi, qui est réelle, et de son honnêteté... Au-dessus de tout soupçon. S'il est contrôleur du fisc, par exemple, ou contrôleur du travail, du stationnement, de l'air, de la sécurité... Enfin, s'il *contrôle* quelque chose ou quelqu'un, nul doute que la réussite ne le boudera pas.

Mais s'il ne se résigne pas à jeter aux orties son carcan d'idées préconçues sur la-parfaite-relation-affective-basée-sur-la-fidélité-et-le-devoir, notre Buffle/Vierge risque bien des déboires. D'autant qu'il manque de confiance en lui, qu'il est timide et s'empêtre dans ses scrupules, comme dans une toile d'araignée. Mettez-le dans un shaker, et secouez très très fort... Ou bien soûlez-le, histoire de le délivrer de ses hésitations... Et ne le laissez pas dessoûler, bien sûr : il se méfierait encore plus, après...

Buffle/Balance : Plutôt sociable pour un Buffle

Si vous êtes né en automne :

BUFFLE/BALANCE

Le Buffle est profondément honnête et il a un sens aigu de la solidarité. La Balance est sociable et tourne trente-six fois sa langue dans sa bouche avant de dire bonjour, de peur que ce soit pris en mauvaise part. Le Buffle/Balance, en conséquence, sera impartial – ou tout au moins se croira impartial ! – mais profondément exigeant quant à la qualité des choses et des êtres, l'authenticité de leurs démarches, le sens du devoir, le respect des lois, des traditions, etc. etc. Bref il sera moins complaisant qu'il n'en a l'air : son sourire avenant cachera souvent un jugement sans appel.

Sur le plan affectif il aura fort à faire pour concilier sa méfiance native avec son besoin viscéral, incontrôlable, de l'autre. Capable de rester des années avec une personne dont au fond il n'est pas très sûr, il peut s'empoisonner la vie à force de soupçons injustifiés. Heureusement, lorsqu'enfin la confiance est acquise, l'affection est d'une solidité à toute épreuve. D'ailleurs ce Buffle/Balance, tantôt tendre, tantôt bourru, a au fond un charme fou. Il faudrait vraiment être sadique pour avoir envie de le tromper ou de le décevoir. Car il est facile à vivre, sérieux, épris de stabilité et d'harmonie familiale. Il aime l'ordre, la beauté, le luxe calme... Et même la volupté. C'est un Buffle sculpté, esthétique, raffiné, qui regarde bien où il met ses sabots, de peur d'écraser les fleurs. Vivre avec lui est la chose la plus simple du monde : il suffit de ne jamais le décevoir, de ne jamais lui manquer, physiquement et moralement. Élémentaire...

BUFFLE/SCORPION

La lenteur du Buffle, ajoutée à la tendance du Scorpion à tourner en rond, à s'inquiéter, à culpabiliser, risque de produire un être renfermé, secret, anxieux, porteur de tous les miasmes de la terre et de l'enfer mélangés – mais capable de surprenantes explosions libératrices. Pendant des temps et des temps, le Buffle/Scorpion va rester tranquille – on croira qu'il dort, ou qu'il rumine... Sauf si l'on croise son regard attentif, présent, perçant. En vérité, il ne gaspille pas ses forces en vain. Il lui faut de puissantes motivations. Mais si on le touche au défaut du cuir, gare ! En fait, il ressemble un peu à ces objets utilisés en temps de guerre, vous savez, ceux qu'on allume d'abord par l'intermédiaire d'une mèche, et qui, lorsqu'ils explosent, font beaucoup, beaucoup de dégâts...

Le Buffle/Scorpion est passionné, rancunier, excessif. Sa vitalité est extraordinaire, et bien canalisée. Il trimballe toujours avec lui une pleine besace d'arguments-massue et d'armes secrètes. Bref, il vaut mieux être son ami que son ennemi... Car il a aussi un tas de qualités. Il est d'une fidélité à toute épreuve, prêt à donner de sa personne, à risquer, à s'engager pour ceux qu'il aime. Il est intelligent, réfléchi, et de loin le plus perspicace des Buffles. Et puis, en amour, ce n'est pas un tiède. La vie avec lui tiendra plus de l'atmosphère propre à Dostoïevsky que de la bibliothèque rose. Mais quelle intensité...

BUFFLE/SAGITTAIRE

Le plus sociable des Buffles. Un des plus énergiques, aussi, moins impulsif que le Buffle/Bélier, moins égocentrique que le Buffle/Lion. C'est vraiment un bon alliage : L'associationnisme peu sélectif du Sagittaire est freiné par la méfiance du Buffle. La lourdeur de celui-ci bénéficie de l'étincelle du feu dynamisant du neuvième signe du zodiaque. En somme, leurs qualités, leurs défauts s'équilibrent. L'être né sous cette configuration est actif et réaliste, sans être intéressé. Généreux avec ceux qu'il aime, il sait ménager ses réserves et prévoir les mauvais jours (n'oublions pas qu'il n'existe pas de natif du Buffle dont les cauchemars soient peuplés de vaches maigres : sans être avide, comme le Rat, il a besoin de sécurité). Son sens de l'opportunité l'empêche d'adopter des opinions et des voies trop rigides, et il semble souvent indépendant et libéral.

Attention : il est bien plus conformiste qu'il n'en a l'air, et s'appuie sur une échelle de valeurs extrêmement bien élaborée, dont chaque barreau est important. Si l'on dérange sa petite organisation morale personnelle, il peut devenir partial et sectaire, alors que trois minutes plus tôt on lui aurait décerné l'Oscar de la tolérance. Il est né, au fond, pour faire respecter les valeurs, pour maintenir l'équilibre, que ce soit dans une rizière ou à l'échelle mondiale. C'est un moraliste bienveillant, un excellent « directeur de conscience ». Si l'on se fie à lui, on ne fera jamais le moindre faux-pas. Le tout est de savoir si l'on a envie d'être dirigé...

Si vous êtes né en hiver :

BUFFLE/CAPRICORNE

Individualiste acharné et solitaire, ce Buffle-là n'est pas précisément un « marrant », et même s'il parvient à développer son sens de l'humour, il y a de fortes chances pour que celui-ci paraisse quelque peu noirâtre. A vrai dire, il possède à peu près toutes les qualités qu'on reconnaît à certaines personnes, en finissant l'énumération louangeuse par une phrase du style : « mais mon Dieu, qu'il est ennuyeux ! » Le Buffle/Capricorne est honnête, réaliste, et sa lucidité est sans failles. Ambitieux, autoritaire, il aime la puissance, et pour la posséder il fait preuve d'un tel acharnement, d'une telle fidélité à ses buts, que Pénélope et le Comte de Monte-Cristo, à côté de lui, font figure d'amateurs. Son sens du devoir est souvent étouffant, ses opinions un peu rigides, entêtées, sectaires ; mais il termine toujours ce qu'il a entrepris, respecte la parole donnée, et ignore ce que veut dire le mot « mensonge ».

Au fond, le Buffle/Capricorne est un timide. Sa sensibilité, pour être enfouie sous une bonne couche de terre hivernale et gelée, n'en est pas moins intense, et elle lui joue souvent des tours. Et si, souvent, il ne semble se préoccupper que du contenu de son porte-monnaie, c'est tout simplement qu'il ne veut pas montrer que son cœur est en écharpe. Avec lui, il faut savoir faire le premier pas. Mais après, quelle récompense ! ses sentiments sont aussi durables que les Pyramides d'Égypte. Et aussi loquaces...

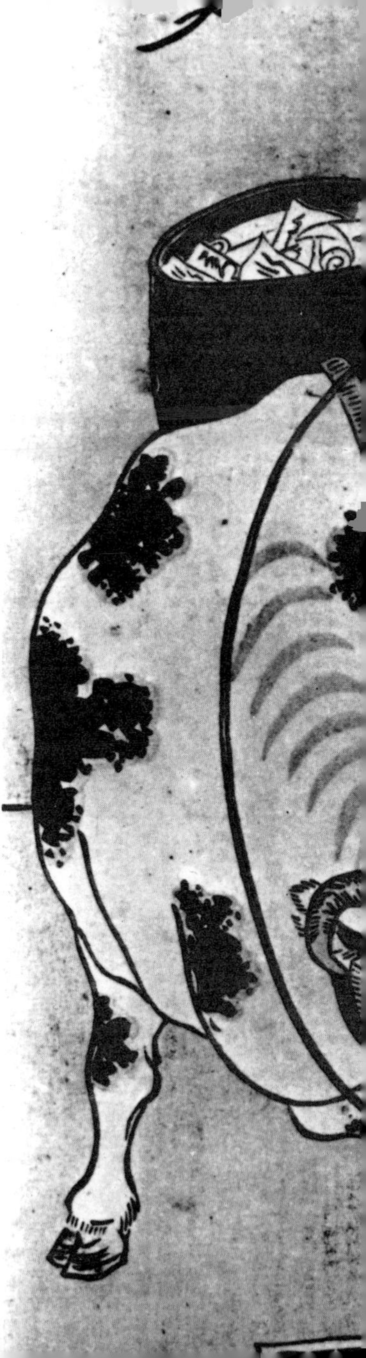

Le Buffle
a plus de chance
s'il naît en hiver

BUFFLE/VERSEAU

Le Buffle, tout comme le Verseau, considère les débordements passionnels avec une méfiance certaine. Le premier a des critères de choix précis qui laissent peu de place au hasard, et le second craint, en versant dans le précipice des délires amoureux, de perdre son sacro-saint détachement. Inutile de dire que pour séduire un Buffle/Verseau, il va falloir vous lever de bonne heure, vous coucher fort tard, et faire appel à toutes les recettes de séduction possible, depuis la gentillesse jusqu'à l'indifférence, en passant par l'œuf d'autruche couvé par une nuit de pleine lune, cuit en omelette et mélangé avec quelques plumes... de l'oreiller du Buffle/Verseau en question.

Heureusement, il y a un truc, qui marche à tous les coups. Le Buffle/Verseau ne résiste pas à l'amitié. C'est là son point faible... Et sa plus belle qualité. Cet être discret mais profondément humain est toujours présent pour écouter, aider et éventuellement donner un coup de pouce à la brebis égarée qui vient lui demander conseil. Le Buffle/Verseau est moins sectaire que ses congénères, et il essaye très honnêtement de trouver des excuses à autrui. Mais son idéal est fort élevé, et il n'aime pas qu'on le bouscule. Individualiste, tout en étant charitable, très indépendant, il adore qu'on lui demande quelque chose mais ne supporte pas qu'on le lui extorque.

BUFFLE/POISSONS

Drôle de mélange d'un animal aquatique et d'un autre toujours vissé à la terre nourricière. Le résultat est variable : dans le pire des cas, cela donne quelque chose de mal défini, d'un peu boueux, trouble, trompeur. Ce Buffle/Poissons-là reste enfoncé jusqu'à mi-corps dans sa rizière, à vous considérer d'un œil glauque. Puis, on ne sait pourquoi, il se met à foncer. S'il sait où il va, c'est génial. Mais il ne le sait pas toujours... En fait, le véritable problème du Buffle/Poissons est de trouver son unité, de créer un lien entre les exigences de sa nature rationnelle, positive, et les débordements de son imagination. Lorsqu'il y parvient, ses capacités sont remarquables, car la rigueur,

liée à la fantaisie, lui donne une sorte de créativité efficace et bien étayée. Très adaptable pour un Buffle, il sait saisir les occasions qui passent à sa portée, et modérer son individualisme pour une meilleure ouverture à autrui.

Plutôt timide, parfois même un peu « ours », c'est ce qu'on appelle un « gros sensible » : souvent plus motivé par l'affectivité que par l'ambition matérielle, il est capable d'attachements passionnés, exclusifs. C'est peut-être le plus sentimental, le plus charitable des Buffles, mais aussi le plus fragile : ses sabots sont plantés dans l'argile, et il le sait. Mais il peut, aussi, être un véritable artiste – dans tous les sens du terme, et dans tous les domaines de sa vie.

5e partie :

LE JEU ASTROLOGIQUE DU YI-KING

靜之理、如人之氣吸則靜噓則動。又問答之際、答則動

然、且如涵養致知亦何所始、但學者須自截從一處做

LE YI KING ET LE BUFFLE

Le Yin King est un jeu divinatoire. Vous posez votre question, vous obtenez une réponse. Mais en posant votre question, vous la posez avec votre identité BUFFLE. Les rouages, le mécanisme complexe de votre esprit viennent de se mettre en route. Vous posez une question BUFFLE, le Yi King répond une « solution » BUFFLE sur laquelle vous pourrez méditer en BUFFLE avant d'y porter une conclusion BUFFLE.

Pour vous, Maître BUFFLE, voici les 64 hexagrammes du Yi King, 64 hypothèses... BUFFLE.

L'opérateur se trouvera devant un hexagramme qui est « l'hypothèse-réponse » à sa question, ou plus justement la synthétisation des forces qui se meuvent pour l'affaire ou l'événement attendu.

Comment procéder :

1. *La question.*

Posez une question, au sujet de n'importe quel problème, passé, présent ou à venir, vous concernant personnellement. (Pour quelqu'un de votre entourage, consultez le jeu du Yi-King correspondant à son signe chinois, dans l'ouvrage consacré à son signe.)

2. *Le tirage.*

Il doit s'effectuer dans la concentration.
Prenez **trois pièces de monnaie** ordinaires et semblables — par exemple trois pièces de un franc.

Avant de commencer adoptez la convention suivante :

Face = *le chiffre 3*

Pile = *le chiffre 2*

Jetez les pièces.

Si le résultat est : deux pièces côté face et une côté pile, vous inscrivez 3 + 3 + 2. Vous obtenez donc un total de 8, que vous représentez par un trait brisé : — —

Même figure si vous avez trois côtés pile (2 + 2 + 2 = 6)

Si vous obtenez deux côtés pile et un face (2 + 2 + 3 = 7) ou trois côtés face (3 + 3 + 3 = 9), vous dessinez un trait plein : ——

En résumé, 6 et 8 correspondent à — — (Yin)

7 et 9 correspondent à —— (Yang)

Répétez cette opération *six fois*, en notant lors de chaque jet la figure obtenue que vous dessinerez, sur un papier en procédant, de la première à la sixième figure, de bas en haut.

Le résultat final, comprenant un trigramme du bas, ou trigramme inférieur, exemple : ☲ et un trigramme du haut, ou trigramme supérieur, exemple : ☵ sera **un hexagramme** du Yi King, dans notre exemple :

Vous n'aurez plus qu'à rechercher son numéro dans la table puis à consulter la liste des hexagrammes pour trouver la réponse attendue. Dans notre exemple, l'hexagramme obtenu est le 63.

TABLE DES HEXAGRAMMES

Trigrammes / **Inférieurs** (**supérieurs** →)	☰	☷	☳
☰	1	11	34
☷	12	2	16
☳	25	24	51
☵	06	7	40
☶	33	15	62
☴	44	46	32
☲	13	36	55
☱	10	19	54

Utilisez cette table pour retrouver les hexagrammes. Le point de rencontre entre les trigrammes inférieur et supérieur indique le numéro de l'hexagramme que vous recherchez.

supérieurs

☵	☶	☴	☲	☱
5	26	9	14	43
8	23	20	35	45
3	27	42	21	17
29	4	59	64	47
39	52	53	56	31
48	18	57	50	28
63	22	37	30	49
60	41	61	38	58

LES HEXAGRAMMES DU BUFFLE

K'IEN

1 ䷀ *Le créateur, la force, la volonté :* Le temps est votre allié. Excellent pour le Buffle lent et patient. Il est un temps pour chaque chose, devise qui vous convient parfaitement.

K'OUEN

2 ䷁ *Le réceptif :* Comment ne pas le rapprocher de la terre qui est votre emblème. N'oubliez pas que si vous la creusez et la travaillez, c'est elle qui vous porte...

TCHOUEN

3 ䷂ *La difficulté initiale :* Un mauvais ouvrier à souvent de mauvais outils... Chezchez en vous la faille, une remise en cause n'est pas un échec.

MONG

4 ䷃ *La folie juvénile :* « ce n'est pas moi qui recherche le jeune fou, c'est le jeune fou qui me recherche ». Il est un temps pour la folie, un autre pour la raison, la folie peut être bonne et la raison mauvaise...

SU

5 ䷄ *L'attente :* Le Buffle contemplatif pourra y trouver son compte. L'attente c'est déjà le commencement de l'action.

SONG

6 ䷅ *Le conflit :* Soyez bon joueur, ne foncez pas tête baissée, un bon accord vaut mieux qu'un mauvais procès. Qui redoute l'échec part perdant.

SZE

7 

L'armée : Soumission et discipline... Dur pour un Buffle solitaire et indépendant. Ne refusez pas la main qui se tend, qui sait, un jour vous vous y raccrocherez peut-être ? On peut être seul dans la foule...

PI

8 

La solidarité : Ne doit pas être à sens unique, mais avant de savoir donner, il faut savoir recevoir.

SIAO TCH'OU

9 

Le pouvoir d'apprivoisement du petit : Il en est des petites choses comme des grandes. Qui est petit ? et qui est grand ? La puce est petite pour l'éléphant, et l'éléphant est petit pour la montagne. On peut aimer sans mesurer.

LI

10 

La marche : « Marchez sur la queue du Tigre, il ne mord pas l'homme ». Ne foncez pas tête baissée alors que la porte est ouverte... Lorsque l'équilibriste marche sur le fil, il ne doit pas penser au vide.

TAI

11 

La paix : Ou savoir trouver l'harmonie dans les contraires. Au jour le soleil, à la nuit la lune, au printemps le bourgeon, à l'automne la feuille morte. Ce sont ces différences qui font l'harmonie et l'unité. Il faut rassembler et non séparer.

P'I

12 

La stagnation : ne doit pas être une résignation ni une contrainte, mais un principe parfois bon à observer.

T'ONG JEN

13 ䷌ *La communauté avec les hommes :* L'important est de participer, pour construire un mur il faut d'abord poser une pierre, mais une pierre ne fait pas le mur.

TA YEOU

14 ䷍ *Le Grand Avoir :* C'est une chose de posséder, encore faut-il bien gérer.

K'IEN

15 ䷎ *L'humilité :* Recherchez le juste, le milieu, l'équilibre. Apprendre à maîtriser aussi bien le grand et le beau, que le petit. Regarder d'un œil neuf, et non d'un œil différent.

YU

16 ䷏ *L'enthousiasme :* Les petites actions sont parfois meilleures que les grandes idées. Il faut savoir se renouveler, reconstruire. Il n'est jamais trop tard pour recommencer.

SOVEI

17 ䷐ *La suite :* Sachez jouer de votre charme et de beaucoup de diplomatie (vous n'avez guère besoin de conseils dans ce domaine) pour arriver à vos fins, mais n'oubliez pas que votre but n'est pas forcément celui du « voisin ». Travaillez en douceur, au pinceau, plus qu'au couteau.

KOU

18 ䷑ *Le travail sur ce qui est corrompu :* Il faut savoir défaire : on ne construit pas une maison neuve sur des fondations pourries.

LIN

19 ䷒ *L'approche :* n'est pas encore la route à suivre, et la route à suivre n'est pas le but. Il vous faut voir toujours plus loin...

KOUAN

20 ䷓ *La contemplation :* peut être un moyen... comme un autre. Ne vous dressez point en exemple si vous ne voulez pas être renversé. Il n'est pas utile de monter en haut de la tour pour observer le monde.

CHE HO

21 ䷔ *Mordre au travers ou le procès criminel :* Chien qui aboie ne mord pas... Lorsqu'on ne peut dénouer, il faut trancher. Fermeté n'est pas dureté.

PI

22 ䷕ *La grâce :* est un état. N'en faites pas votre tour d'ivoire. La beauté vous touche, mais parfois vous vous laissez séduire par les apparences.

PO

23 ䷖ *L'éclatement :* Le présent ne vous est pas favorable, sachez envisager le futur. C'est parfois de l'intérieur que l'édifice s'écroule, ruminer vos idées d'échec ne fera que ralentir votre marche.

FOU

24 ䷗ *Le retour :* Quittez votre labyrinthe, travaillez en surface, le soleil brillera dans vos prairies.

WOU WANG

25 ䷘ *L'innocence :* Servez-vous de votre intuition, soyez à l'écoute, laissez-vous guider, ne vous raidissez pas, votre instinct ne doit pas vous donner prétexte à juger.

TA TCH'OU

26 ䷙ *Le pouvoir d'apprivoisement du grand :* Symbole de puissance, de force. Il faut connaître ses limites et ses possibilités : avant d'entreprendre un voyage ou un travail, se remettre en cause et mesurer ses forces.

YI

27 *Les commissures des lèvres :* Symbolise la nourriture du corps et de l'esprit. Ne sublimez pas l'une au détriment de l'autre. Il faut rassembler et non séparer.

TA KOUO

28 *La prépondérance du grand :* Méfiez-vous des charges trop lourdes, elles ne peuvent que vous ralentir et non vous grandir. Ne vous sous-estimez pas, mais ne vous sur-estimez point non plus.

KAN

29 *L'insondable, l'eau :* Le danger : Vient de la non-connaissance du « terrain » : regarder le précipice, c'est un peu mesurer l'abîme.

LI

30 *Ce qui s'attache, le feu.* Le feu peut vous réchauffer, vous éclairer, mais il peut brûler, consumer. Il suffit de se tenir à quelques pas. Lâchez prise.

HIEN

31 *L'influence :* La chance vous sourit, mais il faudra savoir la saisir, elle ne viendra peut-être pas vous chercher, présumer c'est déjà se tromper.

HONG

32 *La durée :* Attente ne signifie pas immobilisation. Les changements ne sont pas toujours visibles à l'œil : la durée est un mouvement imperceptible..., mais permanent.

TCHOUEN

33 *La retraite :* Ne déposez pas les armes, rangez-les, profitez-en pour les nettoyer, les graisser et rangez votre peur de l'échec dans le placard à balais.

TA TCH'OUANG

34 

La puissance du grand : Même si vous vous sentez pousser des ailes, ne perdez pas le contact avec la terre, plus haut est le vol, plus violente est la chute.

TSIN

35 

Le progrès : Acceptez « d'œuvrer » pour un but commun. Et si l'on est tout disposé à vous offrir une place d'honneur dans « l'arène de la vie », ne visez pas le trône...

MING YI

36 

L'obscurcissement de la lumière : La nuit règne dans vos labyrinthes et sur la terre : l'accepter, c'est déjà la vaincre un peu.

KIA JEN

37 

La famille : Pour un Buffle amoureux de liberté elle sera souvent considérée comme une prison dorée, mais il est des liens qui vous sont nécessaires, d'autres qui vous entravent. Relâcher le nœud ne signifie pas trancher.

K'OUEI

38 

L'opposition : On ne s'oppose qu'à ce que l'on a déjà en partie accepté. Il faut des pierres sur le chemin, et des étoiles dans le ciel. Ne vous braquez pas...

KIEN

39 

L'obstacle : Ne tirez pas sur les fantômes de votre illusion... ne creusez pas des tranchées trop profondes, vous risqueriez de vous y enliser.

HIAI

40 

La libération : Après les ténèbres, la lumière. Oubliez le passé, sortez de la boue, des temps meilleurs reviennent...

SOUEN

41 ䷨ *La diminution :* Les temps sont durs. Méfiez-vous des miroirs aux alouettes. Apprenez à redécouvrir le rythme des saisons et le parfum des fleurs.

YI

42 ䷩ *L'augmentation :* Soyez opportuniste, et sachez partir à temps, lentement, mais sûrement.

KOUAI

43 ䷪ *La percée :* Il faut parfois crier bien haut, ce que d'autres murmurent tout bas. Il faut que le bourgeon éclate pour que la fleur éclose.

KEOU

44 ䷫ *Venir à la rencontre :* Le Buffle n'est pas animal à marcher dans des « combines », toutefois méfiez-vous des apparences trompeuses, restez sur vos gardes si vous ne voulez pas vous retrouver « parqué ».

TS'OUEI

45 ䷬ *Le rassemblement :* Il faut savoir se regrouper et posséder un idéal commun. Toutefois, méfiez-vous des éléments travaillant à un minage, une infiltration : ces destructeurs sont lents mais efficaces.

CHENG

46 ䷭ *La poussée vers le haut :* Soyez Buffle méthodique et tenace, ne négligez rien, soignez les détails, ils ne ralentiront pas votre ascension.

K'OUEN

47 ䷮ *L'accablement :* Vous êtes en déperdition d'énergie, sachez adapter votre vitesse à vos possibilités, ne cherchez pas à griller les étapes.

TSING

48 ䷯ *Le puits :* Ne bousculez pas l'ordre naturel, suivez le mouvement, soyez mouvement, acceptez les changements et les mutations.

KO

49 ䷰ *La révolution, la mue :* Fait partie des mutations, elle peut être un nouvel élan vital et régénérateur. Un changement de rizière peut s'avérer fécond.

TING

50 ䷱ *Le chaudron :* Préoccupez-vous de votre avoir et faites-le fructifier sans lorgner celui d'autrui.

TCHEN

51 ䷲ *L'éveilleur, l'ébranlement, le tonnerre.* Il faudra continuer, contre vents et marées, votre marche lente et tenace. Un orage menaçant plane au dessus de votre tête. Ne courbez pas le col, au bout du tunnel, la lumière.

KEN

52 ䷳ *L'immobilisation, la montagne :* C'est le moment de vous retirer, d'être contemplatif. Le présent vous impose un retrait, retrouvez le calme, appréciez le silence, c'est également une forme d'art.

TSIEN

53 ䷴ *Le progrès graduel :* Vous risqueriez de subir des épreuves, elles seront une progression, une étape à franchir. Ne pas se raidir devant, acceptez-les en y adhérant.

KOUEI MEI

54 ䷵ *L'épousée :* Attention le Buffle amoureux d'espace et de liberté devra bien peser l'importance de ses engagements. De nature indépendante, il devra se préserver d'une légalité parfois contraignante...

FONG

55 

L'abondance : Des terres grasses, des prairies vertes, fertilité et plénitude. Le Buffle devrait, comme il sait si bien le faire, jouir pleinement d'une situation qui ne peut être que passagère, car tout est mouvement... Attention aux vaches maigres.

LIU

56 

Le voyageur : Quelquefois il est bon et nécessaire de partir. Redécouvrez les terres vierges et les grands espaces, mais avant de renouer avec un ailleurs, un futur, il faudra dénouer le présent.

SOUEN

57 

Le doux : Agir souplement vaut mieux qu'un coup de poing sur la table. Pour arriver à la perfection il ne faut pas craindre la répétition.

TOUEI

58 

Le serein, le joyeux, le lac : Persévérance, témérité, vous connaissez déjà, mais n'oubliez pas de rechercher la communication, encore de la souplesse...

HOUAN

59 

La dissolution : Il ne faut pas courir plusieurs lièvres en même temps. Concentrez votre effort, soyez moins égoïste, paix et recueillement sont en toutes choses...

TSIE

60 

La limitation : L'étendue de la prairie ne doit pas se mesurer à votre seul regard... Réduire l'excès, étendre les limites.

TCHONG FOU

61 

La vérité intérieure : Le Buffle sera plus solitaire que jamais. Difficulté de communication, il lui faudra chercher refuge en lui. Le partenaire ne sera pas ancré dans le même sillon...

SIAO KOUO

62 ䷽ *La prépondérance du petit :* Vous n'avez que peu d'atouts en main, ne vous lancez pas dans de grandes entreprises : c'est parfois dans de petits travaux que l'on trouve le réconfort.

KI TSI

63 ䷾ *Après l'accomplissement :* Vous êtes arrivé à un point culminant et vous l'avez bien mérité... Mais vous devez être capable d'entreprendre la descente, après la montée...

WEI TSI

64 ䷿ *Avant l'accomplissement :* Montrez-vous prévoyant mais ne doutez pas du succès : le sillon est devant vous, bien tracé. Allez-y, mais ne mettez pas la charrue devant vous....

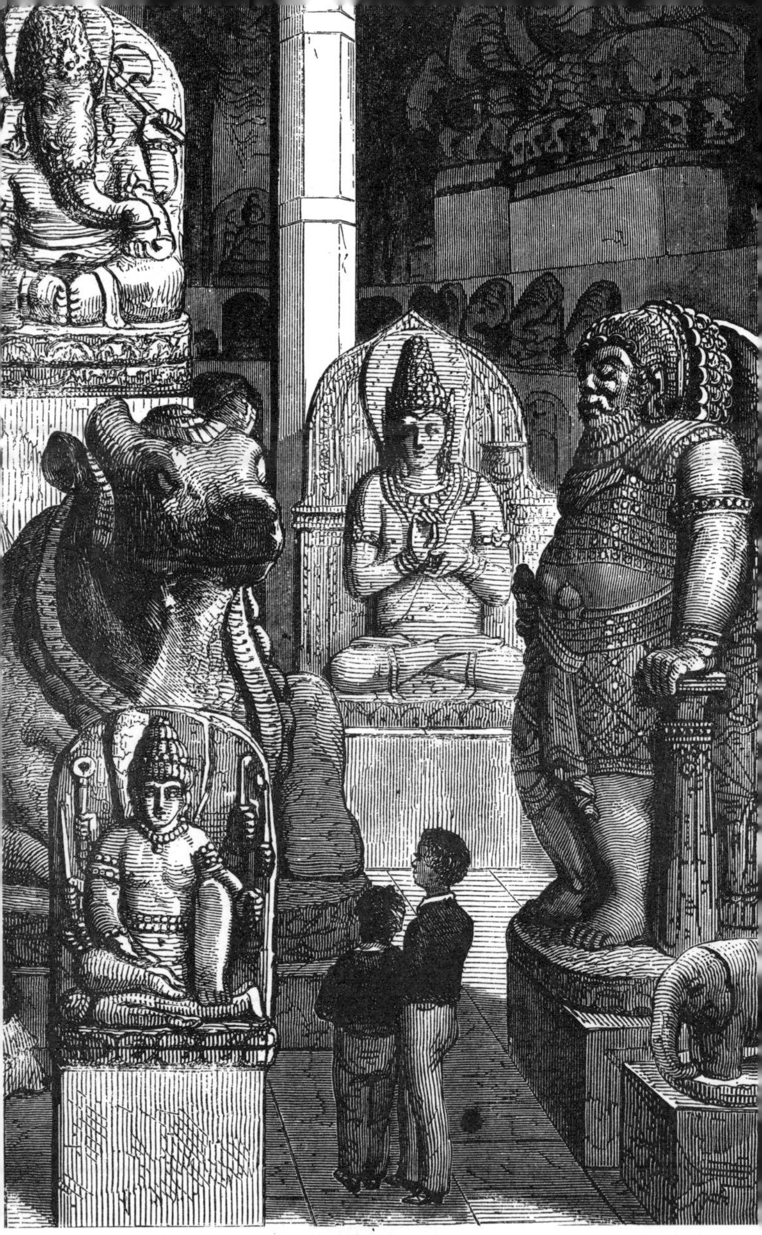

Parmi les dieux et les oracles

TABLEAU GÉNÉRAL DES ANNÉES CORRESPONDANT AUX SIGNES CHINOIS

LE RAT	LE BUFFLE	LE TIGRE
31.1.1900 / 18.2.1901	19.2.1901 / 7.2.1902	8.2.1902 / 28.1.1903
18.2.1912 / 5.2.1913	6.2.1913 / 25.1.1914	26.1.1914 / 13.2.1915
5.2.1924 / 24.1.1925	25.1.1925 / 12.2.1926	13.2.1926 / 1.2.1927
24.1.1936 / 10.2.1937	11.2.1937 / 30.1.1938	31.1.1938 / 18.2.1939
10.2.1948 / 28.1.1949	29.1.1949 / 16.2.1950	17.2.1950 / 5.2.1951
28.1.1960 / 14.2.1961	15.2.1961 / 4.2.1962	5.2.1962 / 24.1.1963
15.2.1972 / 2.2.1973	3.2.1973 / 22.1.1974	23.1.1974 / 10.2.1975
20.1.1984 / 8.2.1985	9.2.1985 / 28.1.1986	21.1.1986 / 16.2.1987

LE CHAT	LE DRAGON	LE SERPENT
29.1.1903 / 15.2.1904	16.2.1904 / 3.2.1905	4.2.1905 / 24.1.1906
14.2.1915 / 2.2.1916	3.2.1916 / 22.1.1917	23.1.1917 / 10.2.1918
2.2.1927 / 22.1.1928	23.1.1928 / 9.2.1929	10.2.1929 / 29.1.1930
19.2.1939 / 7.2.1940	8.2.1940 / 26.1.1941	27.1.1941 / 14.2.1942
6.2.1951 / 26.1.1952	27.1.1952 / 13.2.1953	14.2.1953 / 2.2.1954
25.1.1963 / 12.2.1964	13.2.1964 / 1.2.1965	2.2.1965 / 20.1.1966
11.2.1975 / 30.1.1976	31.1.1976 / 17.2.1977	18.2.1977 / 6.2.1978
17.2.1987 / 5.2.1988	6.2.1988 / 26.1.1989	

LE CHEVAL	LA CHÈVRE	LE SINGE
25.1.1906 / 12.2.1907	13.2.1907 / 1.2.1908	2.2.1908 / 21.1.1909
11.2.1918 / 31.1.1919	1.2.1919 / 19.2.1920	20.2.1920 / 7.2.1921
30.1.1930 / 16.2.1931	17.2.1931 / 5.2.1932	6.2.1932 / 25.1.1933
15.2.1942 / 4.2.1943	5.2.1943 / 24.1.1944	25.1.1944 / 12.2.1945
3.2.1954 / 23.1.1955	24.1.1955 / 11.2.1956	12.2.1956 / 30.1.1957
21.1.1966 / 8.2.1967	9.2.1967 / 28.1.1968	29.1.1968 / 16.2.1969
7.2.1978 / 27.1.1979	28.1.1979 / 15.2.1980	16.2.1980 / 4.2.1981

LE COQ	LE CHIEN	LE SANGLIER
22.1.1909 / 9.2.1910	10.2.1910 / 29.1.1911	30.1.1911 / 17.2.1912
8.2.1921 / 27.1.1922	28.1.1922 / 15.2.1923	16.2.1923 / 4.2.1924
26.1.1933 / 13.2.1934	14.2.1934 / 3.2.1935	4.2.1935 / 23.1.1936
13.2.1945 / 1.2.1946	2.2.1946 / 21.1.1947	22.1.1947 / 9.2.1948
31.1.1957 / 15.2.1958	16.2.1958 / 7.2.1959	8.2.1959 / 27.1.1960
17.2.1969 / 5.2.1970	6.2.1970 / 26.1.1971	27.1.1971 / 14.2.1972
5.2.1981 / 24.1.1982	25.1.1982 / 12.2.1983	13.2.1983 / 1.2.1984

Les dates indiquées précisent le **premier** *et* **dernier** *jour de l'année du signe.*

TABLE DES MATIÈRES

BIBLIOGRAPHIE

Catherine Aubier *Astrologie Chinoise* (M.A. Éditions).
Danielle de Caumon, *A.B.C. de l'Astrologie chinoise* (Jacques Grancher).
Paula Delsol *Horoscopes chinois* (Mercure de France).
Granet, *Pensée chinoise* (Albin Michel).
Jean-Michel de Kermadec *Les huit signes de votre destin* (L'Asiathèque).
Suzanne White *L'Astrologie chinoise* (Tchou).

Pour le Yi-King :
Le livre des Mutations (Éditions Médicis).
Le Yi-King, par Dominique Devic (L'Autre Monde, nº 16).

ICONOGRAPHIE

- Collection personnelle des auteurs et du maquettiste.
- Les trois royaumes — Nghiêm Toan/Louis Ricaud — Collection Unesco.

Pour la quatrième partie :

- Japanese Prints - Drawings from the Vever Collection. Jack Millier Tomes 1, 2 et 3 (Sotheby Parke Bernet, 1976).
- Gale Catalogue of Japanese Paintings and Prints - Jack Hillier (Saners - Valansot Publication, 1970).

IMPRIMÉ EN FRANCE PAR BRODARD ET TAUPIN
Usine de La Flèche (Sarthe), le 30-06-1987.
6268-5 - Dépôt légal, Juillet 1987.